世界文化名人——孔子

刘庆俄　康金柱　编著

首都师范大学出版社

CAPITAL NORMAL UNIVERSITY PRESS

图书在版编目（CIP）数据

世界文化名人——孔子 / 刘庆俄，康金柱编著. —北京：首都师范大学出版社，2012.9

ISBN 978-7-5656-1051-6

Ⅰ. ①世… Ⅱ. ①刘…②康… Ⅲ. ①孔丘（前 551～前 479）—生平事迹②孔丘（前 551～前 479）—哲学思想—研究 Ⅳ. ①B222.2

中国版本图书馆 CIP 数据核字（2012）第 228515 号

SHIJIE WENHUA MINGREN——KONGZI

世界文化名人——孔子

刘庆俄　康金柱　编著

责任编辑：张慧芳

首都师范大学出版社出版发行

地　址　北京西三环北路 105 号

邮　编　100048

电　话　68418523（总编室）　68982468（发行部）

网　址　www.cnupn.com.cn

北京泽明印刷有限责任公司印刷

全国新华书店发行

版　次　2012 年 10 月第 1 版

印　次　2012 年 10 月第 1 次印刷

开　本　890mm×1240mm　1/32

印　张　4.75

字　数　91 千

定　价　12.00 元

编者的话

李瑞环同志在《鉴往知来　古为今用》一文中，曾明确指出："马克思主义还历来认为，文化遗产作为人类认识和改造世界的共同成果，这就决定了若干文化遗产具有相对的稳定性，也就是说，不但物质文明，而且包括精神文明的许多方面，不是某一个阶级所独有的，而是经过不同阶级世世代代的努力共同创造的成果；它也不是只为某一个阶级服务的，而是一视同仁地为各个不同的社会形态所服务。因此，我们既要看到历史文明遗产的阶级性，又要重视它的继承性和借鉴性。中国历史上下五千年，历代王朝交相更替，阶级关系不断变化，但人们在改造自然、治理国家、提高自身素质等方面，积累了许多共同的精神财富，是不同时代、不同阶级的人都可以接受、利用和借鉴的。……那种把所有的历史文明都贴上阶级的标签，不是马克思主义的分析方法，而是'左'的庸俗社会学。"

　　笔者以为，儒家思想无疑是传统中华文明中的重要内容，是我们研究、借鉴的重点。它的创始人孔子，是我国 2500 多年前的一位大学者和大教育家。他的晚年并不得志，但他却是联合国教科文组织评选出的世界十大文化名人之一。1988 年，在法国巴黎召开的第一届诺贝尔获奖者大会上，诺贝尔物理奖获得者汉内斯·阿尔文博士在闭幕大会上甚至说："人类要生存下去，就必须回到 25 个世纪前，去吸取孔子的智慧。"

　　这是为什么呢？我们应该从孔子那里吸取哪些智慧呢？

　　对中国人来说，这是个十分重要的问题，值得大家探讨。本书就想为探讨这个问题提供点参考。

目 录

c o n t e n t

1

孔子像

（转引自《中国大百科全书》）

一. 孔子的生平

　　孔子是我国春秋后期一位伟大的思想家和教育家，是儒家学派的创始人。名丘，字仲尼，鲁国人。他的先世是宋国的贵族，因避宋国内乱，移居鲁国。父叔梁纥，母颜氏。鲁襄公二十二年（前551年）生于鲁国陬邑（今山东曲阜）。据《史记·孔子世家》记载，孔子三岁就死了父亲，家道中落，随母亲颜征在迁居鲁国都城。

　　鲁国是周公儿子伯禽的封地，素有"礼乐之邦"之称。至春秋末期，礼乐仍保存完好。鲁襄公二十九年（前544年）吴公子季札来聘，请观于周乐，听后赞叹不已。昭公二年（前540年），晋韩宣子来聘，看到鲁国典籍丰富，也惊叹道："周礼尽在鲁矣。"鲁国根深蒂固的礼乐传统对孔子思想的形成影响很大。

　　孔子虽然出身"贫且贱"，但在家庭和社会环境的熏陶下，他"十有五而志于学"，"敏而好学，不耻下问"。他曾说："学而时习之，不亦说乎"，"三人行必有我师焉"，可见他的学习是多么主动、多么勤奋。他很快就成了在当地最有知识的人，引起了人们的重视，不断有人来向他求教。三十多岁，他干脆就设馆讲学，招收来自四面八方的学生。

鲁昭公二十六年（前516年）鲁国内乱。孔子不满以季氏为首的三桓擅权，离鲁至齐。齐景公曾向孔子问政，孔子回答说："君君，臣臣，父父，子子"，得到齐景公的赞许。景公本想任用孔子，但遭晏婴等人的阻挠。不久孔子返回鲁国。这时鲁国三桓专权，而季氏家臣阳虎、公山不狃的实力也膨胀起来。在这种情况下，孔子不想从政，便开始整理诗、书、礼、乐，并扩大教学事业，弟子越来越多，影响越来越大。

为了改良时政，复兴周礼，五十岁时他接受鲁定公的任命，做了中都宰，"一年，四方皆则之"（即四面八方的人都向他学习）。不久，他由中都宰升司空，又升大司寇，还曾摄行相事（即代理宰相）。虽然只有三个月，但 时鲁国出现了物不二价、路不拾遗的好风气。齐国人听说了很害怕，就送美女八十人、文马一百二十匹给鲁定公。鲁定公禁不住诱惑，接受了女乐文马，往观终日，怠于政事。孔子失望了，就率领着门徒周游列国。先后到过宋、卫、陈、蔡、齐、楚等国。虽然卫国、楚国、齐国对他很好，有的甚至还想重用他，但由于种种原因，终于未被任用。六十八岁时怀着失望的心情，孔子回到了阔别十四年的鲁国。政治上不得志，他就全力从事讲学和著述，直到逝世。

孔子虽然在政治上是不得志的，但他所创立的儒家思想在社会上的影响却是巨大的。他的不少学生在当时就曾被任命为官吏，儒家思想在先秦就成为了显学，他本人在世时就曾被人称为"圣人"。到了汉武帝时代，为了巩固和发展得之不易的大一统的政治局面，便实行罢黜百家、独尊儒术的政策。后来儒家思想就成了封建社会的正统思想，宣传儒家思想的四书五经便成了知识分子的必读书，孔子也被尊崇为"大成至圣先师"，成为历代读书人顶礼膜拜的偶像。由于历代封建统治者必然要利用儒家思想来巩固自己的统治，所以儒家思想在历史上的作用，必然既有积极的一面，也有消极的一面。随着封建制度的垮台，孔子便受到了激烈的批判，有些人把他作为封建礼教的化身，全盘加以否定。然而，当我们深入考虑如何建设新时代文化的时候，就自然想到了他。当我们用历史唯物主义观点，全面深入地研究孔子生活的历史条件、他在当时的作用、他对中国乃至世界的影响的时候，发现孔子不愧是一位伟大的思想家和教育家，是一代文化名人。过去有些人对他的批判，有的出于片面，有的出于偏激，有的出于无知，不足为训。

二．伟大的思想家——孔子

孔子的社会理想

孔子生活在一个社会激烈动荡的时代，一方面诸侯之间的战争时有发生，一方面诸侯国内部统治集团之间的争斗更是接连不断。虽然生产力的发展创造了越来越多的物质财富，但这些财富常常被用以增加争斗双方的力量，致使社会矛盾越来越尖锐，社会秩序更加动乱。生活在这样的时代，孔子当然希望统治者对自己的欲望要有所遏制，各国间的争斗要有所减少，让社会稳定下来。他在回答齐景公问政时，就明确回答："君君，臣臣，父父，子子。"意思是作国君的要像国君样，作臣子的要像臣子样，作父亲的要像父亲样，作儿子的要像儿子样。齐景公听了居然很高兴，可见当时齐国社会十分混乱。

其实，孔子对齐景公问政的回答，是根据齐国的实际，并考虑到齐景公可以接受的程度泛泛而谈的，并不是他治理社会的根本思想。关于孔子的社会理想，《论语》并没有详细的记载，倒是《礼记·礼运》篇有如下的记载：

　　昔者仲尼与于蜡宾。事毕，出游于观之上，喟然而叹。仲尼之叹，盖叹鲁也。言偃在侧曰："君子何叹？"孔子曰："大道之行也，与三代之英，丘未之逮也，而有志焉。

　　"大道之行也，天下为公。选贤与能，讲信修睦，故人不独亲其亲，不独子其子，使老有所终，壮有所用，幼有所长，矜、寡、孤、独、废疾者皆有所养。男有分，女有归。货恶其弃于地也，不必藏于己；力恶其不出于己也，不必为己。是故，谋闭而不兴，盗窃乱贼而不作，故外户而不闭。是谓大同。

　　"今大道既隐，天下为家，各亲其亲，各子其子，货力为己，大人世及以为礼，城郭沟池以为固。礼义以为纪，以正君臣，以笃父子，以睦兄弟，以和夫妇。以设制度，以立田里，以贤勇知，以功为己。故谋用是作，而兵由此起。禹、汤、文、武、成王、周公，由此其选也。此六君子者，未有不谨于礼者也。以著其义，以考其信，著有过，刑仁讲让，示民有常。如有不由此者，在势者去，众以为殃。是为小康。"

要建设小康社会，关键在于统治者能否节制自己的物欲和权欲，给其统治下的百姓创造能够正常生活的环境。如果回答是肯定的，那么社会就可以相对稳定一个时期，小康社会就有可能得以实现。如果回答是否定的，被统治者必然不能正常生活，轻则抱怨，重则造反，社会必然动乱。对此孔子是有明确认识的。他周游列国所推行的正是这一思想。虽然这一思想有其明显的合理性，因而受到一些统治者的重视；但真要实行，必然要限制一些统治者的既得利益，因而总有一些得势者大力阻挠，使其最终不能实行。对此，孔子是旗帜鲜明的。据《论语·先进》记载："季氏富于周公，而求也为之聚敛而附益之。子曰：'非吾徒也。小子鸣鼓而攻之，可也。'"（"季氏比周公还富，冉求却还在替他搜刮，使他增加更多的财富。孔子道：'冉求不是我们的人，你们学生可以大张旗鼓地攻击他。'"）这说明，孔子对这种情况是深恶痛绝的。

孔子的仁德思想

春秋时代，是中国由奴隶制社会向封建制社会转变的时期。在这个时期，一方面奴隶主们的种种特权依然存在，奴隶们依然不被当人看；一方面奴隶们的反抗也促使一部分比较开明的统治者吸取经验教训，主动采取了一些改革，新旧思想在激烈冲突。在这种斗争中，孔子提出的"仁""德"思想，无疑具有很大的进步性，起了重要的作用。

什么是"仁"？孔子认为："仁"就是"爱人"，就是"己欲立而立人，己欲达而达人"，就是"己所不欲，勿施于人"。把孔子关于"仁"的思想放在春秋时代的末期加以考察，人们很容易看到，这是对奴隶主任意奴役、甚至刑杀奴隶残暴行为的批判，是在倡导建立新型的人际关系（包括统治者与被统治者的关系）。因为既然要"爱人"，就必须把对方当人看；既然"己欲立而立人，己欲达而达人"，就要给对方同等的权利；既然"己所不欲，勿施于人"，就不能把对方当做奴役的对象，不能任意奴役、甚至刑杀奴隶。很明显，这对推动社会进步、缓和阶级矛盾、改进人际关系具有进步作用。

其实，即使抛开春秋末期的时代背景，把孔子关于"仁"的思想放在任何的人类社会，我们都能看到它的进步性。因为它对建设互相友爱、互相平等的人际关系都是有利的，而这种人际关系对任何社会都是美好的进步的。孔子要求统治者要严于律己，他说："其身正，不令而行；其身不正，虽令而不从。"孔子要求统治者对人不能骄傲吝啬，他说："如有周公之才之美，使骄且吝，其余不足观也已。"这些在任何社会也都是进步的。

难能可贵的是，孔子所讲的"仁"，并不是停留在为人处世的原则上，而是进一步运用到施政纲领上。既然是"仁者爱人"，当然就包括爱惜劳动者的思想。如仲弓问仁，子曰："出门如见大宾，使民如承大祭。己所不欲，勿施于人。"又说："节用而爱民，使民以时。"再如子张问仁于孔子，孔子说："能行五者于天下，为仁矣。"并对"五者"作了解释说："恭、宽、信、敏、惠。恭则不侮，宽则得众，信则人任焉，敏则有功，惠则足以使人。"他把对众人宽，对劳动者惠也包括于"仁"中。

孔子认为对被统治的劳动者实行宽惠，也就是实行德政。所谓德政，包括两个方面，即在经济上实行惠民政策，政治上对民宽刑罚而重教化。经济上惠民即使民"足食"，"所重：民、食、丧、祭。"孔子主张"因民之所利而利之"，反对统治者无节制地剥削人民，认为过分的剥削会造成"不均"；不均是"有国有家者"的大患。"丘也闻有国有家者，不患寡而患不均，不患贫而患不安。盖均无贫，和无寡，安无倾。"（《论语·季氏将伐颛臾》）政治上宽民，即反对实行"不教而杀"的纯任刑罚的苛政，主张对人民要"道之以德，齐之以礼"，反对"道之以政，齐之以刑"，认为前种方法既可培养人民的道德观念，又可让人民自觉地遵守社会规范；后种方法只能促使人民为避免刑法而不去犯罪。

为了实行德政，孔子提出举贤才的政治主张。据《论语》记载："仲弓为季氏宰，问政。子曰：'先有司，赦小过，举贤才。'"有一次鲁哀公问曰："何为则民服？"孔子对曰："举直错诸枉，则民服；举枉错诸直，则民不服。"可见，民心的背向也是他注意的问题。

很显然，孔子关于"仁""德"的思想以及由此引申出来的

治国理念和举贤才主张，就其根本来说，既与他出身贫贱、少从
鄙事的家庭环境有关，也与春秋末期的社会动乱有关，更与他实
现建设小康社会的理想有关。我们不能以历代统治者曾加以利
用，它在客观上曾起着过维护等级制度的社会作用为由，就否定
它的进步性。

孔子的天命思想

在人类发展的历史上，曾经长期处于生产力十分低下的状
态。人们对种种自然灾害，不但不能抵御，甚至连准确预测都做
不到。在这种情况下，很容易产生原始宗教的思想，认为一切都
是上天意志的表现，人只能听命于天，祈福于天。在这种情况
下，原始宗教便应运而生。这一点，无论中外，概莫能外。商代
后期的甲骨文，已经把当时人们的这种思想详细地记录了下来。
春秋时期，我国的生产力比商、周时代虽然有了很大的发展，但
毕竟还很有限，仍然无法摆脱大自然的控制。因此，信天命、敬
鬼神的思想依然十分普遍。即使伟大如孔子，依然摆脱不了天命
鬼神观的束缚。他有时把天视为人世间的主宰者和人格神。《论
语·子罕》记载说："子畏于匡，曰：'文王既没，文不在兹乎？
天之将丧斯文也，后死者不得与于斯文也；天之未丧斯文也，匡
人其如予何？'"（"孔子被匡地的群众拘禁，说：'周文王死后，
文化遗产不都在我这里吗？天若是要消灭这种文化，我也不会掌

握这些文化了；天若是不要消灭这一文化，匡地的人能把我怎么样呢？'"）据《论语·述而》记载，宋司马桓魋欲害孔子时，孔子说："天生德于予，桓魋其如予何？"（"天把德生在了我的身上，桓魋能把我怎么样呢？"）孔子不仅认为他的生死由天决定，而且还认为，他的"德"，他担负的复兴文化的使命，也是天赋予的。孔子承认天是主宰，认为有天命存在，认为天命决定着人的生死，也决定着社会的兴衰治乱。当冉伯牛生病快要死的时候，他无可奈何地说："亡之，命矣夫。"（"要死了，这是命呀。"）当公伯寮干扰他的政治活动时，他说："道之将行也与，命也；道之将废也与，命也。公伯寮其如命何？"（"我的主张将会实现吗，这是命；我的主张将会被废弃吗，这也是命。公伯寮能把我的命怎么样呢？"）（《论语·宪问》）

但是，孔子与一般的宗教信徒有重要的差别。一般的宗教信徒在相信天命的同时，必然笃信鬼神，必然都虔诚地祭祀神灵，祈求消灾赐福。孔子却不然，他虽然承认天命的作用，承认鬼神的存在，但他却"敬鬼神而远之"，他更重视人的力量。他要推行自己倡导的仁政，不是去乞求神灵的帮助，而是靠自己和学生们的奔波劳碌。有一次，季路问怎样侍奉鬼神。孔子就回答说："未能事人，焉能事鬼？"（"活人还不能服侍，怎么能去服侍死人？"）鲜明地表明了他的这种态度。据《论语·述而》记载，孔子"不语怪、力、乱、神。"（"孔子不谈论怪异、蛮力、叛乱、鬼神。"），对于人死后是否为鬼，他说"未知生，焉知死？"（"生的道理还没有弄明白，怎么能够懂得死？"），采取回避的态度。

孔子虽看重祭祀，他说："祭如在，祭神如神在。"但不主张乱行祭祀。他曾明确表示："非其鬼而祭之，谄也。"他之所以重视祭祀，主要原因是出于对先辈的尊敬与孝道。对于一般人通过祭祀以求消灾的做法他并不赞成。据《论语》记载，鲁哀公六年，楚昭王有疾，卜者说是河伯为祟，大夫请行郊祭，昭王说："不谷虽不德，河非所获罪也。"便不祭。孔子认为"楚昭王知矣。"（"楚昭王很聪明。"）

孔子的中庸思想

作为伟大的思想家，孔子对后世的影响还表现在他提出的中庸思想上。所谓中庸，就是待人处世不偏不倚、无过无不及。其中的"中"，意思就是正中、适中；其中的"庸"，意思就是常；"中庸"就是中和可常行之道。有一次，子贡问孔子，子张和子夏谁更好一些，孔子说子张有些过，子夏有些不够。子贡说："那么，是子张强一些吗？"孔子道："过和不够同样不好。"孔子认为，中庸是道德的最高境界，人们很需要它。他曾说："中庸之为德也，其至矣乎！民鲜久矣。"（"中庸这种道德，该是最高的了，大家已经是长久地缺乏它了。"）

从字面看，中庸只是一种待人处世的态度，它要求人们每办一事都要达到客观需要的标准，不够标准不好，超过标准也不好，似乎并没有什么重要性。但要联系孔子一生追求的社会理想，联系他为实现仁政奔波劳碌几十年的经历，联系社会的进步是由人们的不懈奋斗来实现的事实，就能深刻地体会到它的价值。

需要说明的是，由于中庸思想的重要性，后代的儒家（相传是孔子的孙子子思）为全面深入地阐释它，专门写了一篇文章，名字就叫《中庸》，后来被收入《礼记》中。文章说："喜怒哀乐之未发，谓之中；发而皆中节，谓之和。中也者，天下之大本也；和也者，天下之达道也。致中和，天地位焉，万物育焉。"（"人的喜、怒、哀、乐之情在尚未表现出来的时候，叫做中；表现出来都符合礼仪节度，叫做和。中是天下最根本的东西，和是天下共通的大道。如果能做到中和，天地就会发挥各自的作用，万物也就会正常地生长。"）这是对什么是中、什么是和、中庸的地位和作用的说明。但他在阐述中有很多发挥，这些说法未必都符合孔子的本意。例如他特别强调"诚"，认为"诚者，天之道也。诚之者，人之道也。诚者不勉而中，不思而得，从容中道，圣人也。诚之者，择善而固执之者也。"（"诚是上天的本性，以诚处世是人的本性。专诚的人，不需要勉强就能把事情办得恰到好处，不用苦苦思考就能有所发现，从从容容地生活就符合中庸之道，这就是圣人。专诚的人，是能够选择善道并坚持始终的人。"）这就把"诚"看做了世界的本原，与孔子所说的"中庸"是人的最高道德，有很大的不同。

再后来，有的人把"平常"说成"中庸"。例如汉代贾谊《过秦论》："材能不及中庸。"这与孔子讲的"中庸"，本来是同形词（词形相同，词义不同），是互不相干的两回事，但偏有人把两者故意混淆，把平平庸庸、无建树、无特点说成中庸，这是要特别注意的。

孔子周游列国图

（转引自《中国大百科全书》）

三．伟大的教育家——孔子

首开私学创先河

在商周时代，学在官府，只有贵族子弟才能受教育。《周礼·地官·保氏》说："（保氏）掌谏王之恶，而养国子以道，乃教之六艺：一曰五礼，二曰六乐，三曰五射，四曰五驭，五曰六书，六曰九数。"（"（保氏）负责提醒君王的过失，培养贵族子弟，教他们六种技能：一是五种礼仪，二是六种乐曲，三是五种射箭的技法，四是五种骑马的技术，五是六种造字的方法，六是数学的九种乘法口诀。"）所谓国子，就是卿大夫的子弟，都是贵族，平民不在其内。但是到了春秋时代，礼崩乐坏，天下无道，官学衰废，为了改变这种局面，孔子才设学舍、收门徒，创办私学。不妨说，他办学的目的就是为国家培养人才。为了多培养一些人才，他首倡有教无类的政策，不论出身，不分国别，"自行束脩以上者，吾未尝无诲焉"。（"只要主动送我十条干肉，我没有不给予教诲的。"）

孔子是怎样首开私学的？

据《史记·孔子世家》记载，孔子三岁就死了父亲，家道中落，随母亲颜征在迁至鲁国都城内。他虽然出身"贫且贱"，但在家庭和社会的熏陶下，他"十有五而志于学"，"敏而好学，不耻下问"。通过私人传授，他博学诗书礼乐。为了不断丰富知识和提高修养，他后来还曾问礼于老聃，学乐于长泓，学琴于师襄。

由于孔子聪颖好学，显示出他会有远大的前程，所以年轻时就受到人们的重视。据《史记·孔子世家》记载："孔子年十七，鲁大夫孟釐子病且死，诫其嗣懿子曰：'今孔丘年少好礼，其达者欤？吾即没，若必师之。'及釐子卒，懿子与鲁人南宫敬叔往学礼焉。"这就是说，孔子在十七岁那一年，被鲁国大夫孟釐子视为未来的人才，并让他的儿子去向孔子学礼。孔子三十岁时，齐景公和晏婴（即晏子，时任齐相）来到鲁国。齐景公问孔子："昔穆公国小处辟，其霸何也？"（"从前秦穆公在国家不大、地处偏僻的情况下，为什么能称霸？"）孔子回答说："秦，国虽小，其志大；处虽辟，行中正。身举五羖，爵之大夫，起缧绁之中，与语三日，授之以政。以此取之，虽王可也，其霸小矣。"（"秦国虽小，志向远大；地虽偏僻，行为端正；提拔百里奚，封他官爵，从监狱里放出他，并与他畅谈了三天，授给他宰相的大权。

由此看来，称王也是可以的，称霸还小了点。"）齐景公听了很高兴。可见，孔子这时已经引起诸侯国的重视。大概在这前后，他在鲁国开始设学舍，聚徒讲学。颜路、曾点、子路是他最早的学生。随着他声望的提高，影响的扩大，向他求学的人越来越多。

孔子以后，聚徒讲学者越来越多，墨子、子思、孟子、荀子便是其中的突出代表。私学的蓬勃发展，彻底打破了贵族对教育的垄断，大大加快了文化下移的速度。这在中国教育的发展史上，无疑具有划时代的意义。

文化典籍遗后世

要教学生，自然必须有教材。据《史记·孔子世家》载："孔子之时，周室微而礼乐废，《诗》《书》缺。追迹三代之礼，序《书传》，上纪唐虞之际，下至秦缪，编次其事。曰：'夏礼吾能言之，杞不足征也。殷礼吾能言之，宋不足征也。足，则吾能征之也。'观殷、夏所损益，曰：'后虽百世可知也，以一文一质。周监二代，郁郁乎文哉！吾从周。'故《书传》《礼记》自孔氏。"这就是说，孔子开始教学生时，缺乏可用的教材，孔子就根据夏、商、周之礼，加以"损益"，整理成《书传》《礼记》，留传给后代。

《史记·孔子世家》还记载："古者《诗》三千余篇，及至孔子，去其重，取可施于礼义，上采契、后稷，中述殷、周之盛，至幽、厉之缺，始于衽席，……三百五篇孔子皆弦歌之，以求合韶、武、雅、颂之音。礼乐自此可得而述，以备王道，成六艺。"这就是说，孔子时代，《诗》有三千多首，孔子不仅把它加以筛选，选出了三百零五篇，并且配歌吟唱，使《诗经》得以流传后世。

我们的祖先很重视历史，《春秋》便是当时各国史书的通用名称。《墨子·明鬼》篇曾记载各国鬼怪之事，有的说："著在周之《春秋》。"有的说："著在燕之《春秋》。"有的说："著在宋之《春秋》。"有的说："著在齐之《春秋》。"可见各国都有自己的《春秋》。但是，各国的《春秋》并没有传下来，后世流传的只有鲁国的《春秋》。这是为什么呢？原来各国的《春秋》存在王室，在社会上影响很小，随着诸侯征战兴亡，各国的《春秋》先后泯灭了；只有鲁国的《春秋》，被孔子用来教学生，学生再教下一代的学生，代代相传，就被保留下来了。据《史记·孔子世家》记载："至于为《春秋》，笔则笔，削则削，子夏之徒不能赞一词。弟子受《春秋》，孔子曰：'后世知丘者以《春秋》，而罪丘者亦以《春秋》。'"（"至于整理《春秋》，该写的写，该删的删，子夏等学生提不出一点修改意见。学生们学习《春秋》，孔子说："后人了解我孔丘的，是因为《春秋》；批评我孔丘的，也会因为《春秋》。"）这就是说，《春秋》这个后世能看到的最早的史书之一，是经孔子之手流传下来的。

如果说，《史记》的这些记载是可信的，那么《礼记》《诗经》《春秋》这些古代重要的文化典籍，都是经孔子整理过的。这些古籍所以能流传至今，孔子是功不可没的。

弟子三千誉当代

据《史记·孔子世家》明载："孔子以诗书礼乐教，弟子盖三千焉。身通六艺者七十有二人。"（"孔子用诗书礼乐教学生，弟子大约三千多人。身通六种知识技能的有七十二人。"）

应当说，孔子时代教学的条件一定很差，讲课时只能席地而坐，教学方式只能是谈话式或演习式，能长时间接受孔子教诲的只能是少数人。但在这样的条件下，他一生竟然培养了弟子三千，其中贤人七十有二。他们分别来自鲁、齐、卫、晋、宋、陈、秦、楚等国，后来有的作官，有的办学，有的经商，社会影响很大。其中，以下三人最为有名：

子贡：卫国人，又名端木赐。善于辞令，曾有名言："君子之过也，如日月之食焉。过也人皆见之，更也人皆仰之。"（"君子的过失好比日食月食：犯错的时候，大家都看得见；改错的时候，大家都仰视着。"）（《论语·子张》）经商曹、鲁之间，富至千金。并参与政治活动，历仕鲁、卫。聘问各国，与诸侯"分庭抗礼"。曾游说齐、吴等国，促使吴伐齐救鲁。

子夏：晋国人（一说卫国人），又名卜商。曾为莒父宰。孔子死后，到魏国西河讲学，名将李克、吴起都是他的学生。他主张国君要学习《春秋》，吸取历史教训，防止臣下篡权。他宣扬"死生有命，富贵在天"、"仕而优则学，学而优则仕"、"大德不逾闲，小德出入可也"等观点，在社会上有较大影响。相传《诗经》《春秋》等儒家经典是由他传授下来的。

曾参：鲁国人，字子舆。以孝著称，他所提出的"慎终"（慎重地办理父母的丧事）、"追远"（虔诚地追念祖先）、"民德归厚"、"犯而不校"等被认为是良好民风。他所提出的"吾日三省吾身"的修养方法，被后世许多人采纳，被尊称为曾子。他的学生子思，是孔子的孙子，把儒家的道德观念"诚"说成是世界的本原，认为"诚者，物之终始，不诚无物"（《中庸》）。以"中庸"为学说的核心，认为事务应恰到好处，"过犹不及"。孟子曾受业于子思的门人，将儒家学说加以发展，形成了思孟学派。两人后被封建统治者分别尊为"述圣""亚圣"。

孔子的其他学生影响虽不及上述三人，但在当时也是有一定地位的，有一些也曾被诸侯各国聘任，享誉当代，兹不赘述。

司马迁在《史记·仲尼弟子列传》中，曾盛赞孔子的弟子七十七人"皆异能之士也"；分项列举了其中的出众者："德行：颜渊、闵子骞、冉伯牛、仲弓。政事：冉有、季路。言语：宰我、子贡。文学：子游、子夏。"并择要记载了颜回、闵子骞、冉伯牛、冉有、子路、宰我、言偃、子张、公冶长等人的有关事迹。司马迁是我国伟大的史学家，距孔子时代已有三四百年，他对孔子的看法可以说是历史的评价。

教学经验垂千古

在长期的教育实践中，孔子形成了一套进步的教育思想，总结出了一系列有益的教育经验。例如"学而不厌，诲人不倦"，"学而不思则罔，思而不学则殆"，"因材施教"，"不愤不启，不悱不发"，"温故而知新"，"三人行必有我师焉"等。这些对后世的教育起了重要作用。笔者以为，下面几点反映了教育的基本规律，非常值得考虑：

一．有教无类

在教育制度上，孔子不仅开创了私学的先河，而且还大胆实行了"有教无类"的政策，彻底打破了只有贵族子弟才能受教育的原则。孔子自己说："自行束脩以上，吾未尝无诲焉。"（"只要主动给我送十条干肉，我没有不给予教诲的。"）（《论语·述而》）这就是说，只要给他送点菲薄的见面礼，他都教，不分贵贱，不分贫富。据《史记·仲尼弟子列传》记载，学生们的家庭出身是各式各样的，其中孟懿子、南公敬叔、司马牛等出身贵族，原宪、颜路、颜渊、曾参、闵子骞、子张、仲弓等出身贫寒，子贡出身商人。学生们的国别更是不同的，鲁国的最多，卫、齐、晋、陈、宋、吴、楚、秦等国的都有。不仅如此，学生们的族别也是不同的，其中来自鲁、卫、齐、晋、陈、宋等国的是华夏族，来自吴、楚两国的属蛮夷族，来自秦国的属戎狄族。这就充分说明，孔子办教育是为国家、为社会培养人才的，不是仅仅为哪个阶级、哪个统治集团服务的。孔子的做法不仅是大胆的，而且进步的，不仅在我国的教育发展史上占有重要地位，而且在世界的教育发展史上也是重要的。

二．道德教育

孔子主张治理国家主要应该靠道德的力量。他说："为政以德，譬如北辰居其所而众星共之。"（"凭借道德来治理国家，自己便会像北极星一般，安定地居于一定的方位，群星就会环绕在你的周围。"）（《论语·为政》）他认为政令和刑法只能约束人们的行为，而道德教化才能提高人们的觉悟。他说："道之以政，齐之以刑，民免且无耻；道之以德，齐之以礼，有耻且格。"（"用法制禁令去引导百姓，用刑法来约束他们，老百姓只求免于犯罪受惩，却没有廉耻；用道德教化来引导百姓，用礼制去统一百姓的言行，百姓不仅会有羞耻之心，而且也就守规矩了。"）（同上）

孔子为了把学生培养成为治国之贤才，自然十分重视道德教育。而道德教育的核心内容就是"仁"和"礼"。《论语》中记载孔子论"仁"的就有五十八处，提到"仁"的就有一百零四处。他教育学生："富与贵，是人之所欲也，不以其道得之，不处也；贫与贱，是人之所恶也，不以其道得之，不去也。君子去仁，恶乎成名？君子无终食之间违仁，造次必于是，颠沛必于是。"
（"富裕和显贵，这是人人都想要得到的，但不能用正当的方法得
到它，就不会要；贫穷与卑贱，这是人人都厌恶的，但不能用正
当的方法摆脱它，就不摆脱。君子如果离开了仁德，怎么能叫君
子呢？君子没有一顿饭的工夫离开仁德，就是在最紧迫的时候，
也必须按仁德办事；就是在颠沛流离的时候，也必须按仁德办
事。"）（《论语·里仁》）"志士仁人，无求生以害仁，有杀身以成
仁。"（"志士仁人，没有贪生怕死以损害仁德的，只有牺牲自己
以成全仁德的。"）（《论语·卫灵公》）"唯仁者能好人，能恶人。"
（"只有那些有仁德的人，才能爱人和恨人。"）（《论语·里仁》）
"苟志于仁矣，无恶也。"（"如果立志行仁，就不会做坏事了。"）
（同上）他认为："不仁者不可以久处约，不可以长处乐。仁者安
仁，知者利仁。"（"没有仁德的人不能长久地处在贫困中，也不
能长久地处在安乐中。有仁德的人安心于行仁道，聪明的人利用
行仁道。"）（同上）

　　有一次颜渊问怎样才能行仁呢？孔子回答说："克己复礼为
仁。一日克己复礼，天下归仁焉。为仁由己，而由人乎哉？"
（"克制自己，一切照着礼的要求去做就是仁。一旦这样做了，天
下的一切都归于仁了。实行仁德，完全在自己，难道还在别人
吗？"）（《论语·颜渊》）颜渊希望教给他一些行动纲领，孔子说：
"非礼勿视，非礼勿听，非礼勿言，非礼勿动。"（同前）这就是
说，"仁"的实现要靠"礼"的规范来完成，内心爱人的思想要

由合"礼"的行动来表现。他所说的"礼",就是周礼,包括奴隶制的宗法等级世袭制度、道德规范和贵族活动中的礼仪细节。他说:"不学礼,无以立,"("不学礼,就没有办法在社会立足。")(《论语·季氏》)要在行动上处处合"礼",必须在思想上严格克制对财富占有的过分欲望。他认为,正是物质欲望的膨胀,才造成道德的堕落。一次他明确宣布:"士志于道而耻恶衣恶食者,未足与议也。"("读书人有志于学习和实行圣人之道,但又以自己吃粗粮穿破衣为耻辱,便用不着与他再说什么了。")(《论语·里仁》)他自慰从吃粗粮、喝冷水、曲肱而枕的清贫生活中,获得了精神上的愉快。他大力赞扬"贤哉回也",是因为颜回能"一箪食,一瓢饮,在陋巷,人不堪其忧,回也不改其乐。"("一筐饭,一瓢水,住在小巷子里,人们受不了那种忧愁,颜回却不改他的欢乐。")

　　笔者以为,孔子所处的时代与今天自然不能同日而语,他所特别推崇的周礼我们自然不能重新提倡;但上述他的许多观点在原则上并没有失去真理的光辉。现在工业社会在物质文明方面取得巨大进步的同时,在精神文明方面却出现了严重问题。犯罪、吸毒、色情、暴力等社会问题愈来愈严重。一些罪犯手段之残忍、情节之恶劣、危害之深重,到了令人发指的地步。对这些犯罪分子当然要绳之以法,严加惩处。但这次处理了,下次他还犯;这批罪犯处理了,新的一批罪犯又产生了,以致形成了恶性循环的局面。世界上许多有识之士纷纷指出:有必要加强道德教育，尤其应加强对青少年的道德教育，让人们自幼养成关心他人、约束自己、文明礼貌、爱岗敬业的优秀品质。而在道德教育方面，孔子无疑为我们提供了有益的经验。

三．因材施教

因材施教是世界各国普遍肯定的教学原则，孔子是我国第一位自觉实践这一原则的教育家。他对学生的知识水平、认知能力、性格特点、特殊需要，一般都有相当的了解，因而可以有针对性地进行教育。《论语》中有许多这样的记载，不同人问同一问题，孔子的回答是不同的。请看《论语·先进》中如下一段对话：

子路问："闻斯行诸？"子曰："有父兄在，如之何其闻斯行之？"

冉有问："闻斯行诸？"子曰："闻斯行之。"

公西华问："由也问'闻斯行诸？'子曰：'有父兄在'；求也问'闻斯行诸？'子曰：'闻斯行之。'赤也惑，敢问。"

子曰："求也退，故进之；由也兼人，故退之。"

这是孔子因材施教的一个典型范例。同样是问听到了一个好主张，要不要听到了就去做，孔子对比较胆怯的冉有采取了鼓励的办法，让他听到了就去干；而对容易冲动的子路，却采取了限制的办法，让他去问问父兄的意见。

《史记·孔子世家》给我们提供了另一种范例，这就是同一个人在不同时间不同条件下问的同一个问题，孔子也作了不同的回答。请看下面的问答：

> 景公问政于孔子，孔子曰："君君，臣臣，父父，子子。"景公曰："善哉！信如君不君，臣不臣，父不父，子不子，虽有粟，吾岂得而食诸！"他日又复问政于孔子，孔子曰："政在节财。"景公说，将欲以尼田封孔子。

齐景公第一次问孔子怎样治理国家时，孔子告诉他君臣父子都要遵守各自的道德规范。当时，陈恒掌握齐国的大权，国君不像国君，大臣不像大臣，所以齐景公听了很高兴，大声叫好。后来齐景公又问孔子怎样治理国家，孔子就没有重复上次的回答，而是针对齐国存在的另一主要问题，回答说应该节约，同样得到了齐景公的赞赏。如果孔子第二次仍重复第一次的回答，齐景公必然会失望。

正因为孔子能"因材施教"，所以他教育出来的学生也就各有特长：有的长于"德行"，有的长于"言语"，有的长于"政事"，有的长于"文学"。后来，有的作官，有的教书，有的经商，有的隐居。

"因材施教"原则的正确性是无可怀疑的，"因材施教"的话

是很好说的，但要真正做到就很难了。难就难在教师必须对每一
个学生的情况都有深入的了解，而学生的情况又经常处在变动之
中。孔子所以能做得比较好，是因为他与学生朝夕相处，他对学
生的观察很仔细。在学生人数不太多的情况下，这是可能的。在
班级授课的情况下，要做到这一点就不容易了。可是如果不能因
材施教，教育的效果必然要打折扣。所以今后在班级制的条件下
如何进行教育，还真应该研究一番。

四．启发诱导

孔子是个善于启发诱导的教育家，他的学生对此是深有体会
的。颜渊曾经感叹地说："仰之弥高，钻之弥坚。瞻之在前，忽
焉在后。夫子循循然善诱人，博我以文，约我以礼，欲罢不能。
既竭吾才，如有所立卓尔。虽欲从之，末由也矣。"（"老师之道，
越抬头看，觉得越高；越用心去钻研，觉得越深；看着就在前
面，忽然又到后面去了。老师善于有步骤地诱导我们，用各种文
献来丰富我们的知识，又用一定的规矩制度来约束我们的行为，
使我们想停止学习都不可能。我已经用尽我的才力，似乎能够独
立工作了。然而想再进一步，又不知道该怎么着手了。"）（《论
语·子罕》）

孔子是怎么启发诱导的呢？

1. 不愤不启。孔子要求他的学生必须勤奋学习、肯于思考。
宰予有一次白天睡觉，孔子很生气，说他是朽木不可雕也，粪土

之墙不可圬也。他的名言是，"不愤不启，不悱不发，举一隅不以三隅反，则不复也。"（"教导学生，不到他想弄明白而弄不明白的时候，不去开导他；不到他想说出来而说不出来的时候，不去启发他。教给他东方，却不能由此推知西、南、北方，便不再教他了。"）（《论语·述而》）"学而不思则罔，思而不学则殆。"（"只读书而不思考，就会糊涂；只空想而不读书，就会疑惑。"）（《论语·为政》）这是启发诱导的前提。

2. 闻一知二。他要求学生不但要勤于动脑，而且还要善于动脑，要有闻一知二的能力。《论语·公冶长》篇有一段孔子和他的学生子贡的对话："子谓子贡曰：'女与回也孰愈？'对曰：'赐也何敢望回？回也闻一以知十，赐也闻一以知二。'子曰：'弗如也。吾与女弗如也。'"（"孔子对子贡说：'你与颜回比，谁更好一些？'子贡回答说：'我怎么敢和颜回相比呢？颜回听到一件事，就可以推知十件事；我听到一件事，只能推知两件事。'"孔子说：'是不如他呀。我同意你说的，是不如他呀。'"）从这里我们可以清楚地看到，孔子和他的学生是多么看重独立思考和创新精神的。一旦发现学生有所发现，孔子是非常高兴的。《论语》中有如下一段记载："子夏问曰：'巧笑倩兮，美目盼兮，素以为绚兮。何谓也？'子曰：'绘事后素。'曰：'礼后乎？'子曰：'启我者商也，始可与言诗已矣。'"（"子夏问孔子：'笑得真好看啊，美丽的眼睛真明亮啊，用素粉来打扮啊。这几句话是什么意思？'孔子说：'这是说先有白地儿后画画儿。子夏又问：'那么，是不是礼也是后起的事?'孔子说:'子夏,你真是能启发我的人。现在可以同你讨论《诗经》了。'")(《论语·八佾》)类似的记载还有一些。从中我们可以体会到,孔子对学生们的新见解,是多么重视。正是由于孔子的精心培养,学生们的才能才得到了很好的发挥。孔子和他的学生之所以能在弘扬发展中国文化上做出重大贡献,大概这是重要原因之一吧。

3. 学行结合。孔子不满足于单纯向学生灌输一些道德知识,而是要求学生把学和行结合起来。他说:君子"敏于事而慎于言。"("做事敏捷而说话谨慎")(《论语·学而》)"君子耻其言而过其行。"("说得多而做得少,君子认为是耻辱。")(《论语·宪问》)当他听说季氏将伐颛臾时,就曾严肃地批评了在季氏家任职的冉有和季路,因为他俩没有劝阻这场错误的战争。宰予白天睡觉,他很生气,并说他因此改变了观察人的方法。"始吾于人也,听其言而信其行;今吾于人也,听其言而观其行。于予与改是。"("起初我对于人,是听了他的话便相信他的行为;现在我对于人,是听了他的话还要观察他的行为。在宰予这里我改变了观察人的方法。")(《论语·公冶长》)

4. 组织讨论。对于一些比较复杂的问题,孔子则组织学生们讨论,让他们各抒己见,互相取长补短。《论语·先进》篇为我们记载了一个成功的范例:

  子路、曾晳、冉有、公西华侍坐。子曰:"以吾一日长乎尔，毋吾以也。居则曰：'不吾知也'，如或知尔，则何以哉？"

子路率尔而对曰："千乘之国，摄乎大国之间，加之以师旅，因之以饥馑；由也为之，比及三年，可使有勇，且知方也。"夫子哂之。

"求，尔何如？"

对曰："方六七十，如五六十，求也为之，比及三年，可使足民。如其礼乐，以俟君子。"

"赤，尔何如？"

对曰："非曰能之，愿学焉。宗庙之事，如会同，端章甫，愿为小相焉。"

"点，尔何如？"

鼓瑟希，铿尔，舍瑟而作。对曰："异乎三子者之撰。"

子曰："何伤乎？亦各言其志也！"

曰："莫春者，春服既成，冠者五六人，童子六七人，浴乎沂，风乎舞雩，咏而归。"

夫子喟然叹曰："吾与点也。"

三子者出，曾皙后。曾皙曰："夫三子者之言何如？"

子曰："亦各言其志而已矣！"

曰："夫子何哂由也？"

曰："为国以礼，其言不让，是故哂之。"

"惟求则非邦也与？"

"安见方六七十、如五六十而非邦也者?"

"唯赤则非邦也与?"

"宗庙、会同,非诸侯而何? 赤也为之小,孰能为
之大?"

从中不难看出,孔子选的讨论题是让学生们谈谈自己的志
愿,这个话题既是学生们都感兴趣的问题,又是摆在每个学生面
前必须解决的问题,学生们都有话可说。孔子又为这次讨论创造
了良好的气氛,让学生们可以无拘无束地畅谈自己的志愿。学生
们有的踊跃发言,有的则比较稳重,孔子都允许。学生的志愿有
同有异,孔子也都肯定,但孔子对他们的评价又是不同的。子路
说话不够谦虚,孔子只是微微一笑,但收到了明显的效果。冉有
和公西华说法就谦虚多了。曾点知道从政的愿望难于实现,就说
愿意当老师,孔了深表赞同。曾点怕对孔子的意见理解有误,特
意留下来问个明白,孔子就无保留地做了解释。这一段记载充分
说明,孔子是非常善于运用讨论式教学法的。

孔子杏坛讲学图（明代吴彬作）

四．孔子思想对现实的借鉴意义

孔子是生活在 2500 多年前的人物，但他的思想却不仅仅属于他那个时代。相反，由于他正确地总结了前辈们提出的进步思想，并做了创造性的发挥，他的思想必然超越了他的时代，而成为中华民族传统文化宝库中的精品。笔者以为，孔子思想对今天仍然有重要的借鉴意义。

一．孔子思想对建设小康社会的借鉴意义

改革开放以来，我们党以经济建设为中心，在各条战线开展了有效的工作，整个社会充满了生机，蒸蒸日上。不过几十年，我们的国家就由一个贫穷落后的大国发展成为世界经济大国，并向着经济强国迈进。除了经济建设这个中心，我党还有更高的理想和要求。在现阶段，我党的理想和要求是建设小康社会。孔子思想对我们建设小康社会具有重要的借鉴意义。

什么是小康社会？怎样建设小康社会呢？请看孔子的论述：

今大道既隐，天下为家，各亲其亲，各子其子，货力为己，大人世及以为礼，城郭沟池以为固。礼义以为纪，以正君臣，以笃父子，以睦兄弟，以和夫妇。以设制度，以立田里，以贤勇知，以功为己。故谋用是作，而兵由此起。禹、汤、文、武、成王、周公，由此其选也。此六君子者，未有不谨于礼者也。以著其义，以考其信，著有过，刑仁讲让，示民有常。如有不由此者，在势者去，众以为殃。是为小康。

孔子首先明确，小康社会与大同社会是不同的，它以私有制为前提，"各亲其亲，各子其子，货力为己"，统治者实行世袭制（"大人世及以为礼"），因此战争必然不可避免（"城郭沟池以为固"，"谋用是作，而兵由此起"）。但是，聪明的统治者不是利用自己手中的特权，肆意搜刮民财，鱼肉百姓；而是严格约束自己。孔子举出了他所崇拜的夏禹、商汤、周文王、周武王、周成王、周公（姬旦），认为他们六位都是严格遵守礼的（"未有不谨于礼者也"）。他们利用"礼"，宣传正义的人和事（"著其义"），考察臣下的信用（"以考其信"），指明必须改正的过错（"著有过"），模范地实行仁爱礼让，告诉人民必须遵守的常规。对那些胆敢破坏礼的人，有权势的一定要夺他的权、罢他的官，让民众知道他是危害社会的罪魁祸首。孔子认为，这六位建立的才是小康社会。

很显然，在孔子看来，小康社会是治理得好的社会，而不仅仅是人们能吃得饱穿得暖的温饱型社会。让人们都能吃得饱穿得暖，虽然是一个最根本的问题，也是一个社会创建初期首先遇到的大问题，但毕竟不是社会的唯一问题。一个治理得好的社会，人们当然都能吃得饱穿得暖，这是不言而喻的。一个社会，如果连人们的衣食问题都解决不了，怎么能说治理得好呢？但一个解决了人们衣食问题的社会，却不一定能解决好社会的诸多矛盾，如统治集团与被统治者的矛盾问题、统治集团内部的矛盾问题、少数统治者的违法乱纪问题、民族问题、与别国的关系问题等。

和孔子所说的小康社会比起来，前一时期我们所说的小康社会更多地偏重于解决人们的温饱问题，而对解决好社会的诸多矛盾问题重视不够。为了让全体中国人都能吃饱穿暖，我们大力发展国民经济，特别是大力发展农业和为农业服务的轻工业和商业，取得了举世瞩目的成绩。一个有十三亿人口的大国由穷国一跃而为世界经济大国，并正向世界经济强国迈进，这当然是很了不起的成就，值得骄傲。但毕竟得看到，我们在实行商品经济、大力发展国民经济的过程中，一些干部腐化变质、行贿受贿之风严重，有的人变得无法无天、有恃无恐。对这些害群之马，我们反应比较迟钝，惩治不够有力。

怎样建设小康社会呢？孔子总结夏禹、商汤等六人的经验，认为主要是以下七条：

一．礼义以为纪。孔子所说的"礼义"，是正人君子们的行为规范。历朝历代的实践证明，它们是有利于国家稳定、社会进步的。它们有的已经成文，有的还未成文。《论语》一书记载了很多孔子的言行，其中大部分都是宣传这些礼义的。《礼记》一书对这些礼义作了详细的说明。孔子认为这些礼义是社会的"纲纪"。虽然今天看来，这些礼义的具体规定很多已经过时，但在当时曾经发挥过作用，被认为是最重要的。

二．谨于礼。就是统治者（特别是最高统治者）严格遵守礼义，绝不利用特权恣意胡为。这样做不仅具有很强的示范作用，而且还有很强的震慑作用，因而才有可能在全社会形成崇尚礼、遵守礼的良好氛围，社会才有可能形成各司其职、互不侵犯的良好秩序。但要做到这一点，最高统治者必须有很清醒的认识、很高的自觉性，能坚决排除干扰、杜绝诱惑。

三．著其义。就是要大力宣传礼义，让更多的人了解礼义的内容及其价值，形成强大的社会舆论。这样做，既可引导更多的人也遵守礼义，又可孤立违背礼义的人。

四．考其信。就是要考察各级统治者的信誉，看他们是否自觉遵守礼义。这种考察，由于来自上级，只要做得认真，就一定能对部下有很大的督促作用。

五．著有过。对那些不遵守礼义在行动上犯有错误的人，则必须揭露其错误，让很多人都知道，监督其改正。这样做，既可教育本人，挽回恶劣影响；又可惩一儆百，让多数人受到教育。

六．刑仁讲让。就是把仁爱作为行为的规范，把互谅互让作为处理人与人关系的准则。它主张对人要讲仁爱，这与后世由西方兴起的人道主义有相似点。孔子生活的时代是奴隶社会后期、封建主义正在兴起的时代。孔子提出的仁爱思想，不仅大大超出了奴隶主阶级的思想，而且在封建地主阶级的思想体系中也是最开明最进步的。

七．示民有常。就是要昭示百姓必须遵守的常规。生活在社会下层的老百姓是社会人口的绝大多数，是影响社会安定与否的重要因素之一。只有他们能正常地生活，不越出必须遵守的常规，社会才能秩序井然。反之，如果统治者对它们没有提出他们必须遵守的常规，或他们不遵守这些常规，社会的安定必然难于保证。

八．如有不由此者，在势者去。就是对上述各条胆敢破坏者，就要坚决处理掉。这种人在数量上也许不多，但危害极大。他们所仰仗的就是手中的特权。因此，处埋他们必须撤他们的职、夺他们的权，决不能心慈手软。并且要让大家知道，他们是破坏社会安定的罪魁祸首。

孔子虽然离我们已经两千五百多年，但他的上述论述对我们建设小康社会依然有很大的借鉴意义。例如：

一．他的"礼义以为纪"的思想，在今天就显得更加重要。现在，我们不仅有全国通行的宪法和众多的法律，还有更多的条律条令，这些人人必须遵守；我们还有只适用于某一区域、某一行业、某一单位的规定（如章程、准则、须知等）。这些法律法令等在现实生活中发挥着十分重要的作用。很难设想，如果没有这些法律法令等，人们各行其是，社会无法可依，将会乱成什么样子。生活的实践一再告诉我们，这些法律法令不但一定要有，而且还必须完善准确，否则将引起难以解决的矛盾，造成不良的后果。我们今后的任务是根据生活的需要，对这些法律法令等作必要的补充修改，使它们更加完善。

二．他的统治者要"谨于礼"的思想，是十分宝贵的历史经验。不能设想，统治者有礼不遵、胡干乱来，社会却治理得很好。相反，统治者谨于礼，他必然要求臣民们也谨于礼，社会才有可能治理得好。就如现在，众多的法律法令怎样执行？首先得要求各级干部广大党员模范遵守，给全国人民做出榜样。"群众看党员，党员看干部。"反映的正是这个情况。

三．他的"著其义"的思想，与我们的加强宣传工作、引导社会舆论的思想是基本一致的。无数的事实一再告诉我们，先进的思想、优良的作风，只有加以宣传才能扩大它的社会影响，才能充分发挥作用；落后的思想、恶劣的作风，也只有通过宣传才能清除它的社会影响。宣传工作要做得好，必须既要站得高、看得远，又要面向基层、深入群众。鼠目寸光、急功近利的宣传，必然会失去群众的信任。高高在上、目无群众的宣传，必然脱离群众，失去存在的价值。

四．他的"考其信"的思想，在今天表现为考察干部。在孔子生活的时代，统治者基本上都是世袭的，自认为是天生的统治者，所以"考其信"困难会很大。但夏禹、商汤等六贤王仍然坚决坚持，收到了很好的效果。今天，我们的各级干部是选拔出来的，手中的权力是人民给的，因而接受人民的监督更是顺理成章的事情。但这不等于说考察干部就是很容易的了，因为在商品经济的条件下，很容易产生行贿受贿、贪污腐败的问题。凡是犯有这些问题的人（特别是问题严重的人）都知道，这些问题一旦被查出，必然会身败名裂，所以他们必然会利用手中的权力，采取种种手段转移人们的视线，掩盖自己的问题。这就给考察干部增加了很大的难度。

五 . 著有过。公开揭发并严肃处理犯有严重错误、对社会构成严重破坏的人，是治理社会不可缺少的工作。古今中外，概莫能外。光辉灿烂的太阳里也有黑子，再健康的人身上也有坏死的细胞，再美好的社会里也会有坏人。这是不以人的意志为转移的。因此，当问题出现特别是坏人横行的时候，聪明的领导人能及时发现问题，恰如其分地处理问题，而绝不姑息养奸、纵容包庇。现在面临的情况比孔子的时代要复杂得多：一方面，社会的发展、人口的增加，使案件大量增加，一般错误与严重错误、严重错误与违法犯罪常常混杂在一起，不易分清；一方面，犯有严重错误或违法犯罪的人又会千方百计制造假象、阻挠调查。这就使这项工作十分复杂。但是对犯有严重过失的人必须加强教育，并督促他改正；对危害社会的罪犯必须绳之以法，并强迫其改恶从善；这是实行法治的重要手段，当然也是我们建设社会主义和谐社会的重要手段。必须清楚地认识到，这些人的恶劣表现是对社会和谐的严重破坏，只有除掉这些消极因素，和谐社会才能建成。

六．刑仁讲让。孔子所讲的刑仁讲让，在今天则升华为全心全意为人民服务的思想。因为"刑仁"指的是在行动上实行仁爱，"讲让"指的是在出现矛盾时要谦让，都没有讲这样做的思想基础；而没有正确牢固的思想基础，高尚的行为就只能是少数人的一时行为。而有了全心全意为人民服务的思想，则可以使人的行为始终有明确的目的，有更高的标准，发挥最大的社会效益。在战争年代涌现的董存瑞、黄继光等革命烈士，在生产战线涌现出的王进喜、王国福等劳动模范，在工作战线涌现出的焦裕禄、孔繁森等优秀干部，都是在全心全意为人民服务思想的哺育下成长起来的。但这并不等于说，刑仁讲让已经过时。因为在全社会真正树立了全心全意为人民服务思想的人只是少数，对多数人提倡刑仁讲让依然是很必要的。如果人人都能模范地实行仁爱思想，都能在与人发生矛盾时讲谦让，当然就有利于增强人与人之间的团结互助，增强社会的和谐稳定。

七．示民有常。我们现在比孔子讲的"示民有常"向前发展了一大步，已经由让老百姓遵守社会常规发展为让老百姓自觉维护社会常规。这样不仅能充分发挥人民群众自觉遵守社会常规的积极性，而且大大加强了维护社会常规的力量。这样，人民不再是被统治被管理的对象，而是变成了参与管理的主人。当然，管理者首先应该管好自己，模范地遵守社会常规。

八．如有不由此者，在势者去。对胆敢与上述七条对抗的有权有势的人，必须坚决清除。这是夏禹、商汤等六贤王建设小康社会的成功经验，也是我们建设和谐社会的必由之路。应当清醒地看到，现在各级干部中的确有一部分贪污腐败分子、违法乱纪分子，他们不是利用手中的权力为人民服务，而是去整敢于揭发自己罪行的人、敢于违背自己意向的人。这种人如果长期得逞，将给人民群众造成严重灾难，将给社会造成严重的动乱。坚决除掉他们，已是人民群众的强烈要求，更是我们建设和谐社会的当务之急。

在孔子的社会理想中，还有对大同社会的向往。他说：

> 大道之行也，天下为公。选贤与能，讲信修睦，故人不独亲其亲，不独子其子，使老有所终，壮有所用，幼有所长，矜、寡、孤、独、废疾者皆有所养。男有分，女有归。货恶其弃于地也，不必藏于己；力恶其不出于己也，不必为己。是故，谋闭而不兴，盗窃乱贼而不作，故外户而不闭。是谓大同。

这是什么样的社会呢？这是一个天下为公的社会，即一个不存在私有制和私有观念的社会。在这个社会里，人人都相亲相爱，人人都各尽所能、各得其所，社会是一片温馨和谐。很显然，我们现在还不具备消灭私有制的条件，还不能完全做到这一切，但我们已经建立了强大的公有制，因而我们现在也有可能向着这个社会迈进。我们可以选贤与能，讲信修睦，可以提倡互相关心、互相爱护，尽量扩大就业面，尽量使各种人得到比较合理的安排。我们要坚决反对尔虞我诈、两面三刀的作风，坚决处理社会上窃盗乱贼的个人和团伙，在较长的时期内实现社会的和谐和稳定。

二．孔子思想对未来人格培养的借鉴意义

理想社会不会自动到来，它需要亿万人的长期奋斗。因此，培养一代又一代为理想社会献身的人，便成了理想社会实现的必要条件。怎样培养为理想社会奋斗的人呢？用社会发展规律来教育人，让他们树立远大理想；用英雄模范人物激励人，为他们树立学习榜样……这些当然是基本的主要的方法。但如能用孔子的完善人格的思想教育他们，将会起到重要作用。

孔子的"完善人格"的思想讲的都是什么呢？

（一）树立仁爱思想，并把它落实到行动上。

在孔子看来，对人仁爱，是"完善人格"的基本要求。什么是仁爱呢？"仁者爱人"（"主张仁爱的人要爱护别人"），"己所不欲，勿施于人"（"自己不愿意的，不要强加给别人"）。孔子做人的原则是，"居处恭，执事敬，与人忠。虽之夷狄，不可弃也。"（对生活认真，对工作恭敬，对别人忠诚。即使到了外国，也不

改变。）孔子对弟子的要求是，"人则孝，出则悌，谨而信，泛爱众，而亲仁。"（"回到家里，便孝敬父母；走出屋门，便敬爱兄长；说话谨慎，而有诚信；博爱大众，亲近仁者。"）很显然，孔子提倡的是关心人、爱护人，是工作认真、待人诚恳，是孝顺父母、敬爱兄弟；孔子反对的，是巧言令色、两面三刀。一个人如能按仁爱思想立身行事，就能建立良好的人际关系，从而促进社会的和谐稳定。

（二）树立正确的富贵观，拒绝物质利益的引诱。

一个人要生存，自然需要一定的物质条件。但不同思想的人在要求什么样的物质条件、怎样创造物质条件、怎样处理道义和物质条件的关系上，是大不相同的，有的人豪华奢侈，有的人艰苦朴素；有的人以自己的辛勤劳动创造财富，有的人抢夺别人创造的物质财富；有的人把道义放在首位，有人把物质财富放在首位。这就使形形色色的人在社会上做着各自的表演。在这个重要的问题上，孔子的主张是什么呢？他说："富与贵，是人之所欲也；不以其道得之，不处也。贫与贱，是人之所恶也；不以其道得之，不去也。"（"发财做官，这是人人都希望的；但不用正当的方法得到它，君子就不要。贫穷下贱，这是人人所厌恶的；但不用正当的方法摆脱它，君子就不摆脱。"）"饭疏食饮水，曲肱而枕之，乐亦在其中矣。不义而富且贵，于我如浮云。"（"吃粗粮，喝冷水，弯着胳膊做枕头，也有乐趣。干不正当的事得来的富贵，在我看来就像天空中飘着的浮云。"）孔子是这么说的，也是这么做的。孔子成名很早，又很能干，但他对当时鲁国的三桓擅权有看法，他就拒绝从政，宁可招收学生当教师。五十岁时，受到鲁定公的重视，他当了官，按自己的理想治理鲁国，收到了很好的效果，鲁国竟出现了物不二价、路不拾遗的好风气。齐国人听说了很害怕，就送美女八十人、文马一百二十匹给鲁定公。鲁定公禁不住诱惑，接受了女乐文马，往观终日，怠于政事。孔子失望了，就率领着门徒周游列国。先后到过宋、卫、陈、蔡、齐、楚等国。虽然卫国、楚国、齐国对他很好，如果他肯讨好这些国家的当权者，他肯定能当高官。但他就是不肯讨好，最终只好失望地回家。据《论语》记载，有一次，他和学生们在陈国被包围，断绝了食粮，跟从的学生有些人饿病了，爬不起来。子路很不高兴地来见孔子，说道："君子亦有穷乎？"（"君子也有穷得毫无办法的时候吗？"）子曰："君子固穷，小人穷斯滥矣。"（"君子虽然穷，还是坚持着；小人一穷便会乱来了。"）孔子的这些表现，与其说是他有骨气，倒不如说他把道义放在第一位。一个人如果树立了正确的富贵观，他就能拒绝一切腐蚀拉拢，他就永远不会腐败，做到出于污泥而不染。儒家的第二位代表人物孟子，响亮地提出了大丈夫做人的原则："富贵不能淫，贫贱不能移，威武不能屈。"（"富贵不能使我违礼乱来，贫贱不能使我改变志向，威武不能是使我屈服变节。"）这正是对孔子说的"三军可夺帅，匹夫不可夺志也"，最好的注解。

（三）勤奋学习，不断提高各种修养。

一个人生下来必须学习，才能生存。但是不同的人学习态度是迥然不同的。有人是主动学习，有人是被动学习；有人是认真思考，有人是马虎应付；有人是深入钻研，有人是浅尝辄止。有的人学习的面很宽，有的人学习的面很窄。不同的学习态度，自然会带来不同的后果。前者使人知识丰富，道德高尚，甚至成为受人尊敬的专家；后者使人愚昧少知，糊涂乱来。

孔子主张科学的学习观，不仅做到了主动学、认真学、不断学，而且都达到了很高的境界。他虽然出身贵族，但家境败落，加上早年丧父，自幼贫寒，不可能受到良好的教育。他之所以成为一代名人，完全是勤奋学习的结果。他说："吾十有五而志于学，三十而立，四十而不惑，五十而知天命，六十而耳顺，七十而从心所欲不逾矩。"（"我十五岁下决心学习；三十岁办事能够成功；四十岁知识多了，一般不迷惑；五十岁懂得天命；六十岁便能分别真假，判明是非；到了七十岁便随心所欲而不超出规矩。"）又说："三人行，必有我师焉：择其善者而从之，其不善者而改之。"（"几个人一块行走，其中便一定有值得我学习的人：我选取他的优点而学习，看出他的缺点而改正。"）他还说："学而时习之，不亦说乎？"这就是说，他以学习为乐趣。这就告诉人们，主动好学，不耻下问，择善而从，永不止步，正是他的成功之道。据《论语·述而》记载，有一次，叶公向子路问孔子是怎样一个人，子路答不上来。事后孔子听说了，就对子路说："女奚不曰，其为人也，发愤忘食，乐以忘忧，不知老之将至云尔。"("你为什么不说:他的为人,用起功来便忘记吃饭,快乐起来便忘记忧愁,不知道衰老会要到来,如此而已。")据《史记·孔子世家》记载,孔子晚年学习《易》经,曾多次磨断了编连竹简的皮条,给后人留下了"韦编三绝"的故事。这些记载都充分说明了孔子是怎样刻苦学习的。

由于社会的进步、科学的发展,现在值得人们学习的知识比孔子时代不知多了多少倍,但一般人学习态度比孔子不知差了多少倍。在这种情况下,弘扬孔子的学习精神,就显得十分重要了。

三.孔子思想对实现民族团结的借鉴意义

我国是个多民族的国家,如何处理民族关系是个重大的问题。自古以来,聪明的统治者都能理智地处理这个问题,努力实现民族团结。孔子一生都生活在中原地区,民族问题对他来说还不是主要的社会问题。但这不等于说,孔子的思想对实现民族团结就毫无意义。恰恰相反,如能正确理解孔子的思想,对实现民族团结也有重要的意义。

孔子一生教了三千多名学生,其中绝大多数是汉族,但也有少数是少数民族。孔子对他们都一视同仁,没有任何歧视。孔子自己说:"居处恭,执事敬,与人忠。虽之夷狄,不可弃也。"("对生活认真,对工作恭敬,对别人忠诚,即使到了外国,也不改变。")文中所说的"夷狄",就是少数民族地区(当时是外国）。这就是说，假如到了少数民族地区，他对生活对工作对别人的态度也是不会改变的。这就说明，孔子对少数民族和对汉族是一样的，绝没有半点歧视。这种态度对实现民族团结是十分有利的。

由于复杂的原因，少数民族往往都有宗教信仰，有的甚至是政教合一。如果不能正确处理这个问题，民族团结是无法实现的。孔子的"敬鬼神而远之"的态度，对解决这个问题是十分有利的。因为"敬鬼神"的态度，是少数民族欢迎的。他们会觉得你是可信赖的朋友，愿意和你交往。否则，将会有严重的隔阂。我党的民族平等、民族自治、互相帮助的政策，显然是对孔子思想的继承和发展。实践证明，这是一条正确的民族政策，对实现民族团结起了重要的作用。

四．孔子思想对实现世界和平的借鉴意义

战争是人类自相残杀的怪事，但人类的历史上却写满了战争。古今中外，概莫能外。这是为什么呢？原因只有一条，就是总有一些人想要奴役另一部分人，要掠夺他们创造的财富；另一方当然不能容忍，于是就反抗。要奴役别人的一方就用武力去镇压反抗，而被奴役的一方被迫用武力去反抗镇压，这就是战争。因此，战争分正义战争和非正义战争，为反抗奴役而发动的战争是正义战争，为奴役别人而发动的战争是非正义战争。从理论上讲，人们都应该支持正义战争，反对非正义战争。但是发动非正

义战争的人，为了混淆视听，往往把非正义战争说成正义战争。这就使人们在决定对某一场战争是支持还是反对时，增加了难度。高明人能做出正确的判断，糊涂人往往被骗。孔子在战争与和平的问题上，立场是坚定的，坚决反对非正义战争。据《论语》记载，孔子的学生冉有和季路是季氏的家臣，有一次报告孔子说，季氏要对颛臾发动战争。孔子听了很不赞成，严肃地说："求！无乃尔是过与！夫颛臾，昔者先王以为东蒙主，且在邦域之中矣，是社稷之臣也，何以伐为？"（"冉求！这难道不应该责备你吗？颛臾，上代的君王曾经让他主持东蒙山的祭祀，而且它就在我们的疆土之中，这正是国家的大臣。为什么要去攻打他呢？"）冉有听了不服气，就推脱责任，说是季氏想要战争，他们两个是不赞成的。按说孔子可以就此打住了，但孔子偏偏深究说，季氏要发动战争，要你俩干什么？冉有只好说出实话："今夫颛臾，固而近于费。今不取，后世必为子孙忧。"（"颛臾的城墙很牢固，而且离季孙的采邑费地很近。现今不把它占领，将来一定会给子孙留下祸害。"）孔子听了很生气，就说："求！君子疾夫舍曰'欲之'而必为之辞。近也闻有国有家者，不患寡而患不均，不患贫而患不安。盖均无贫，和无寡，安无倾。夫如是，故远人不服，则修文德以来之；既来之，则安之。今由与求也，相夫子，远人不服，而不能来也；邦分崩离析，而不能导也；而谋动干戈子邦内。晋恐季子小之忧，不在颛臾，而在萧墙之内也。""冉求！君子就讨厌不说自己贪心，却一定另找借口。我听说过：无论是诸侯或者大夫，不必担心财富不多，只须担心财富不均；不必担心人口太少，只须担心境内不安。若是财富平均，便无所谓贫穷；境内和平，便不会觉得人少；境内平安，便不会有危险。做到这些，远方的人还不归服，便再修仁义礼乐的政教来吸引他们。他们来了，就使他们安定生活。如今仲由和冉求两人辅相季孙，远方之人不归服，却不去吸引他们；国家支离破碎，却不能保全；反而想在国内动武。我恐怕季孙的忧愁不在颛臾，却在宫廷内部哩。"）这说明，孔子不仅自己对季氏拟议发动的非正义战争是坚决反对的，而且要求他的学生也要坚决反对。他强调，远方的人如果不归服，只能通过改进政策吸引他们，让他们自愿来投奔，决不能通过战争去征服。

前面讲过，在孔子的仁爱思想中，"己所不欲，勿施于人"是重要的一条。把这一条运用到当今的世界上，自然就会使国际关系大为改善，不仅可以使大大小小的战争得以避免，而且叫以使各国之间的关系实现睦邻友好、平等互利。如果真能这样，世界持久和平就可以变成现实。

五．《论语》选读

一．学　习

子曰："吾十有五而志于学，三十而立，四十而不惑，五十而知天命，六十而耳顺，七十而从心所欲不逾矩。"

【译文】孔子说："我十五岁立志学习；三十岁能够办好事情；四十岁一般不迷惑；五十岁懂得天命；六十岁便能判明是非；七十岁便随心所欲而不超出规矩。"

子曰："三人行，必有我师焉：择其善者而从之，其不善者而改之。"

【译文】孔子说："几个人一块行走，其中便一定有人可作我的老师：我选取他的优点而学习，看出他的缺点而改正。"

子曰："盖有不知而作之者，我无是也。多闻，择其善者而从之；多见而识之；知之次也。"

【译文】孔子说："大概有自己不懂却乱干的人，我没有这种毛病。多听，选择正确的做法而学习；多看，全记在心里。这样求知，是较好的方法。"

子曰："吾尝终日不食，终夜不寝，以思，无益，不如学也。"

【译文】孔子说："我曾经整天不吃饭整夜不睡觉地思考，没有好处，不如去学习。"

子曰："我非生而知之者，好古，敏以求之者也。"

【译文】孔子说："我不是生来就有知识的人，而是爱好古代文化、勤奋学习的人。"

子在齐闻韶，三月不知肉味，曰："不图为乐之至于斯也。"

51

【译文】孔子在齐国听到韶的乐章，很长时间觉不出肉的滋味，于是说："想不到欣赏音乐竟到了这种地步。"

子曰："学而时习之，不亦说乎？"

【译文】孔子说："学了，然后按时练习，不也喜悦吗？"

子曰："温故而知新，可以为师矣。"

【译文】孔子说："在温习旧知识时，能发现新知识，就可以做老师了。"

子曰："由！诲女知之乎！知之为知之，不知为不知，是知也。"

【译文】孔子说："子路！教给你对待知或不知的态度吧！知道就是知道，不知道就是不知道，这就是智慧。"

子曰："十室之邑，必有忠信如丘者焉，不如丘之好学也。"

【译文】孔子说:"有十户人家的村镇,一定有像我这样忠厚老实的人,只不过不如我爱好学习罢了。"

子曰:"知之者不如好之者,好之者不如乐之者。"

【译文】孔子说:"(对于任何学问和事业)懂得它的人不如喜欢它的人,喜欢它的人又不如以它为乐的人。"

子曰:"君子博学于文,约之以礼,亦可以弗畔矣夫!"

【译文】孔子说:"君子广泛地学习文献,用礼节约束行动,也就可以不会违背常规了。"

子曰:"三年学,不至于谷(注),不易得也。"

【译文】孔子说:"读书三年还没有挣钱的想法,这是难得的。"
【注释】谷——古代以谷米为俸禄,相当于今日的工资。

子曰:"学如不及,犹恐失之。"

【译文】孔子说:"学习生怕赶不上(别人),还生怕忘了。"

太宰问于子贡曰："夫子圣者与？何其多能也？"子贡曰："固天纵之将圣，又多能也。"

子闻之，曰："太宰知我乎！吾少也贱，故多能鄙事。君子多乎哉？不多也。"

【译文】太宰向子贡问道："孔老先生是位圣人吗？为什么这样多才多艺呢？"子贡道："这本是上天让他成为圣人，又使他多才多艺。"

孔子听说了，便道："太宰了解我呀！我小时候贫贱，所以学会了不少低级的技能。真正的君子会有这样多的技能吗？不会这样多的。"

子曰："赐也，女以予为多学而识之者与？"对曰："然，非与？"曰："非也，予一以贯之。"

【译文】孔子道："赐！你以为我是多学又能记住吗？"子贡答道："对呀，难道不是这样吗？"孔子道："不是的，我有一个方法来贯串它。"

子曰："由也！女闻六言六蔽矣乎？"对曰："未也。"

"居！吾语女。好仁不好学，其蔽也愚；好知不好学，其蔽也荡；好信不好学，其蔽也贼；好直不好学，其蔽也

54

绞；好勇不好学，其蔽也乱；好刚不好学，其蔽也狂。"

【译文】孔子说："仲由，你听过有六种品德可能会有六种弊病吗？"子路答道："没有。"

孔子道："坐下！我告诉你。爱仁德，却不爱学习，其弊病就是容易被愚弄；爱知识，却不爱学习，其弊病就是乱说大话；爱诚实，却不爱学习，其弊病就是容易被利用；爱直率，却不爱学习，其弊病就是说话尖刻；爱勇敢，却不爱学习，其弊病就是容易闯祸；爱刚强，却不爱学习，其弊病就是狂妄。"

子夏曰："仕而优则学，学而优则仕。"

【译文】子夏说："做官了，有余力就去学习；学习了，有余力就去做官。"

卫公孙朝问于子贡曰："仲尼焉学？"子贡曰："文武之道，未坠于地，在人。贤者识其大者，不贤者识其小者。莫不有文武之道焉。夫子焉不学？而亦何常师之有？"

【译文】卫国的公孙朝向子贡问道："孔仲尼的学问是向谁学来的？"子贡道："周文王武王的思想，并没有失传，散在人间。贤能的人能抓住根本，不贤能的人只抓些末节。到处都有文王武王的思想。我的老师无处不学，哪里有确定的老师呢?"

二. 修 养

子曰："见贤思齐焉，见不贤而内自省也。"

【译文】孔子说："看见优秀的人，就想向他看齐；看见很次的人，就在内心反省自己。"

子曰："君子食无求饱，居无求安，敏于事而慎于言，就有道而正焉，可谓好学也已。"

【译文】孔子说："君子吃饭不求吃饱，居住不求舒适，工作敏捷说话谨慎，到高人那里去匡正自己，这样就可以说是好学了。"

子曰："弟子入则孝，出则悌，谨而信，泛爱众，而亲仁。行有余力，则以学文。"

【译文】孔子说："学生们回到家里，就孝顺父母；走出自己房间，便敬爱兄长；谨慎诚实，博爱大众，亲近有仁德的人。这样做之后，还有余力，就去学习文献。"

子曰："君子不重则不威；学则不固。主忠信。无友不如己者。过，则勿惮改。"

【译文】孔子说："君子如果不庄重，就没有威严；即使学习，所学的知识也不会巩固。坚守忠实和诚信。朋友中没有不像自己的人。有了过错，就不怕改正。"

（子曰）："有朋自远方来，不亦乐乎？人不知而不愠，不亦君子乎？"

【译文】（孔子说）："有朋友从远处来，不也快乐吗？人家不了解自己，自己也不怨恨，不也是君子吗？"

子曰："君子周而不比，小人比而不周。"

【译文】孔子说："君子讲团结，而不是互相勾结；小人是互相勾结，而不是团结。"

子曰："人而无信，不知其可也。大车无輗，小车无軏（注），其何以行之哉？"

【译文】孔子说："作为一个人，却不讲信誉，不知怎么可以。譬如大车没有安连接车辕与驾车横木的輗，小车没有安连接车辕与驾车横木的軏，如何能走呢？"

【注】輗和軏是古代车上连接车辕与驾辕的横木的活销，大车的叫輗，小车的叫軏。车上如没有輗和軏，就没法套牲口因而无法行走。

子曰："以约失之者鲜矣。"

【译文】孔子说："因为约束自己而犯过失的很少。"

子曰："君子欲讷于言而敏于行。"

【译文】孔子说："君子言语上要谨慎，行动上要敏捷。"

子谓子产："有君子之道四焉：其行己也恭，其事上也敬，其养民也惠，其使民也义。"

【译文】孔子评论子产，说："他有四种品德合于君子之道：他自己的言行严肃认真，他对待君上忠诚恭敬，他教养人民有恩惠，他使唤百姓人合于道义。"

子曰："伯夷、叔齐不念旧恶，怨是用希。"

【译文】孔子说："伯夷、叔齐兄弟俩对人不记仇，别人对他们的怨恨也就很少。"

子曰："巧言、令色、足恭，左丘明耻之，丘亦耻之。匿怨而友其人，左丘明耻之，丘亦耻之。"

【译文】孔子说："花言巧语、伪善的容貌、十足的恭顺，左丘明认为可耻，我也认为可耻。内心藏着怨恨，表面上却同他友好，左丘明认为可耻，我也认为可耻。"

子曰："贤哉，回也！一箪食，一瓢饮，在陋巷，人不堪其忧，回也不改其乐。贤哉，回也！"

【译文】孔子说："颜回修养真高呀，一筐饭，一瓢水，住在简陋的小胡同里，别人都受不了那份苦，颜回却不改变他的快乐。颜回修养真高呀！"

子曰："饭疏食饮水（注），曲肱而枕之，乐亦在其中矣。不义而富且贵，于我如浮云。"

【译文】孔子说："吃粗粮喝冷水，弯着胳膊做枕头，也有乐趣在其中。干不正义的事而得来的富贵，对我来说就像浮云。"

【注】水——古代常以"汤"和"水"对言，"汤"的意义是热水，"水"就是冷水。

叶公问孔子于子路，子路不对。子曰："女奚不曰，其为人也，发愤忘食，乐以忘忧，不知老之将至云尔。"

【译文】叶公向子路问孔子的为人，子路没回答。孔子对子路说："你为什么不这样说：他的为人，用起功来便忘记吃饭，快乐起来便忘记忧愁，不晓得衰老就要到来，如此等等。"

曾子曰："吾日三省吾身——为人谋而不忠乎？与朋友交而不信乎？传不习乎？"

【译文】曾子说："我每天多次反省自己：替别人办事是否尽心了呢？同朋友交往是否诚实呢？老师传授我的学业是否复习了呢？"

子夏曰："贤贤易色；事父母，能竭其力；事君，能致其身；与朋友交，言而有信。虽曰未学，吾必谓之学矣。"

【译文】子夏说："对妻子，重品德不重容貌；侍奉父母，能

60

尽心竭力；服事君主，能献出生命；同朋友交往，能诚实守信。
这种人，虽说没学习过，我一定说他已经学习过了。"

子贡曰："贫而无谄，富而无骄，何如？"子曰："可也；
未若贫而乐，富而好礼者也。"子贡曰："《诗》云：'如切如
磋，如琢如磨'其斯之谓与？"子曰："赐也，始可与言诗已
矣，告诸往而知来者。"

【译文】子贡说："贫穷却不巴结奉承，富有却不骄傲自大，
怎么样？"孔子说："可以了；但是还不如虽贫穷却还欢乐，富有
却还好礼的人。"子贡说："《诗经》上说：'要（像对待骨、角、
象牙、玉石一样）先开料，再糙锉，再细刻，然后磨光。'那就
是这样的意思吧？"孔子道："子贡呀，现在可以同你讨论《诗
经》了，告诉你一件事，你能推出两三件事了。"

孟懿子问孝。子曰："无违。"
樊迟御，子告之曰："孟孙问孝于我，我对曰，无违。"
樊迟曰："何谓也？"子曰："生，事之以礼；死，葬之以礼，
祭之以礼。"

【译文】孟懿子向孔子问孝道。孔子说："不要违背礼节。"
后来，樊迟给孔子赶车，孔子便告诉他说："孟孙向我问孝

道，我答复说，不要违背礼节。"樊迟道："这是什么意思?"孔子道："父母活着，依礼节侍奉他们；死了，依礼节埋葬他们，祭祀他们。"

子游问孝。子曰："今之孝者，是谓能养。至于犬马，皆能有养；不敬，何以别乎?"

【译文】子游问孝道。孔子说："现在的所谓孝，就是能够养活爹娘。狗马都能够得到饲养；若不从内心孝敬父母，那两者有什么区别呢?"

子曰："非其鬼而祭之，谄也。见义不为，无勇也。"

【译文】孔子说："不是自己祖上的鬼魂，却去祭祀他，这是献媚。眼见正义而不能挺身而出，这是怯懦。"

子曰："父母在，不远游，游必有方。"

【译文】孔子说："父母在世，不出远门，如果要出远门，必须有确定的地方。"

子曰："三年无改于父之道，可谓孝矣。"

【译文】孔子说："三年不改变父亲的作法，可以说是孝了。"

子谓子夏曰："女为君子儒！无为小人儒！"

【译文】孔子对子夏说："你要去做个君子式的儒者，不要去做那小人式的儒者！"

子曰："孟之反不伐，奔而殿，将入门，策其马，曰：'非敢后也，马不进也。'"

【译文】孔子说："孟之反不夸耀自己，（在一次撤退中）他走在最后，掩护全军，将进城门，便鞭打着马匹，一面说道：'不是我敢于殿后，是马匹不肯快走。'"

子曰："人之生也直，罔之生也幸而免。"

【译文】孔子说："人的生存要正直，不正直的人却要侥幸地免于祸害。"

子曰："中庸之为德也，其至矣乎！民鲜久矣。"

【**译文**】孔子说："中庸这种道德，该是最高的了，人们缺乏它已经很久了。"

子曰："德之不修，学之不讲，闻义不能徙，不善不能改，是吾忧也。"

【**译文**】孔子说："好品德不培养；学问不讲习；听到正义的事却不能亲身去做；有缺点不能改正，这些都是我的忧虑。"

子曰："若圣与仁，则吾岂敢？抑为之不厌，诲人不倦，则可谓云尔已矣。"公西华曰："正唯弟子不能学也。"

【**译文**】孔子说："讲到圣和仁，我怎么敢当？不过是工作不知厌倦，教人不知疲劳，不过如此罢了。"公西华道："这正是我们学不到的。"

子曰："奢则不孙，俭则固。与其不孙也，宁固。"

【**译文**】孔子说："奢侈就显得骄傲，省俭就显得寒伧。与其骄傲，宁可寒伧。"

子曰："君子坦荡荡，小人长戚戚。"

【译文】孔子说:"君子胸怀宽广,小人经常忧愁。"

子温而厉,威而不猛,恭而安。

【译文】孔子温和而又严肃,威严而又不凶,恭敬而又安详。

子曰:"泰伯,其可谓至德也已矣。三以天下让,民无得而称焉。"

【译文】孔子说:"泰伯,那可以说是品德极崇高了。屡次地把天下让给弟弟季历,老百姓简直找不出恰当的话来称赞他。"

曾子曰:"以能问于不能,以多问于寡,有若无,实若虚,犯而不校——昔者吾友尝从事于斯矣。"

【译文】曾子说:"有能力却向没有能力的人请教,知识丰富却向知识贫乏的人请教;有学问像没学问一样,满腹知识像空无所有一样;即使被侵犯,也不计较——从前我的一位朋友便曾这样做了。"

曾子曰:"士不可以不弘毅,任重而道远。仁以为己任,不亦重乎？死而后已，不亦远乎？"

【译文】曾子说："读书人不可以不刚强而有毅力，因为他责任重大，路程遥远。把在天下实现仁德作为己任，责任不也重大吗？到死方休，路程不也遥远吗？"

子曰："如有周公之才之美，使骄且吝，其余不足观也已。"

【译文】孔子说："假如有周公的才能和品德，可是既骄傲又吝啬，别的方面也就不值得一看了。"

子曰："笃信好学，守死善道。危邦不入，乱邦不居。天下有道则见，无道则隐。邦有道，贫且贱焉，耻也；邦无道，富且贵焉，耻也。"

【译文】孔子说："坚定地相信我们的主张，努力学习它，誓死保卫它。危险的国家不去，动乱的国家不住。天下太平，就出来工作；不太平，就隐居。国家政治清明，自己贫贱，是耻辱；国家政治黑暗，自己富贵，也是耻辱。"

子绝四——毋意，毋必，毋固，毋我。

【译文】孔子杜绝四种作风——不主观，不绝对，不固执，不唯我。

子曰："出则事公卿，入则事父兄，丧事不敢不勉，不为酒困，何有于我哉？"

【译文】孔子说："出外便服事公卿，回家便服事父兄，有丧事不敢不尽礼，不被酒困扰，这些事对我算什么呢？"

子曰："法语之言，能无从乎？改之为贵。巽与之言，能无说乎？绎之为贵。说而不绎，从而不改，吾末如之何也已矣。"

【译文】孔子说："合乎原则的话，能够不接受吗？改正错误才可贵。顺从己意的话，能够不高兴吗？分析一下才可贵。盲目高兴，不加分析；表面接受，实际不改，我是没有办法对付这种人了。"

子曰："知者不惑，仁者不忧，勇者不惧。"

【译文】孔子说："聪明人不会有疑惑，仁德的人不会有忧愁，勇敢的人不会有畏惧。"

孔子于乡党，恂恂如也，似不能言者。其在宗庙朝廷，便便言，唯谨尔。

【译文】孔子在乡里非常恭顺，好像不能说话的样子。他在宗庙里、朝廷上，有话便直截了当地说出，只是很谨慎。

朋友死，无所归，曰："于我殡。"

【译文】朋友死了，没有人料理丧事，孔子便说："葬埋由我来负责。"

司马牛问君子。子曰："君子不忧不惧。"
曰："不忧不惧，斯谓之君子已乎?"子曰："内省不疚，夫何忧何惧?"

【译文】司马牛问怎样做才是君子。孔子说："君子不忧愁，不恐惧。"
司马牛说："不忧愁，不恐惧，就可以叫做君子了吗?"孔子说："自己问心无愧，忧愁什么恐惧什么呢?"

子曰："君子成人之美，不成人之恶。小人反是。"

【译文】孔子说："君子成全别人的好事，不促成别人的坏事。小人和这相反。"

子曰："君子泰而不骄，小人骄而不泰。"

【译文】孔子说："君子安详而不傲慢，小人傲慢而不安详。"

子曰："士而怀居，不足以为士矣。"

【译文】孔子说："读书人而恋家，便不配做读书人了。"

子曰："邦有道，危言危行；邦无道，危行言孙。"

【译文】孔子说："国家政治清明，言语正直，行为正直；国家政治黑暗，行为正直，言语谦顺。"

子曰："有德者必有言，有言者不必有德。仁者必有勇，勇者不必有仁。"

【译文】孔子说："有道德的人一定有代表性的言论，但有代表性言论的人不一定有道德。仁德的人一定勇敢，但勇敢的人不一定仁德。"

子曰："贫而无怨难，富而无骄易。"

【译文】孔子说："贫穷却没有怨恨，很难；富贵却不骄傲，倒容易做到。"

子路问成人。子曰："若臧武仲之知，公绰之不欲，卞庄子之勇，冉求之艺，文之以礼乐，亦可以为成人矣。"曰："今之成人者何必然？见利思义，见危授命，久要不忘平生之言，亦可以为成人矣。"

【译文】子路问怎样才是完人。孔子说："像臧武仲一样聪明，像孟公绰一样寡欲，像卞庄子一样勇敢，像冉求一样多才多艺，再用礼乐来成就他的文采，也可以说是完人了。"等了一会，又说："现在的完人哪里一定要这样？见利想义，临危受命，长期不忘记平日的诺言，也可以说是完人了。"

子曰："古之学者为己，今之学者为人。"

【译文】孔子说："古代学者是为提高自己，现代学者是为给别人看。"

子曰："禹，吾无间然矣。菲饮食而致孝乎鬼神，恶衣服而致美乎黻冕，卑宫室而尽力乎沟洫。禹，吾无间然矣。"

【译文】孔子说："禹，我对他没有批评了。他自己吃得很简单，却把祭品办得极丰盛；穿得很破旧，却把祭服做得极华美；住得很差，却把力量完全用于沟渠水利。禹，我对他没有批评了。"

子曰："君子耻其言而过其行。"

【译文】孔子说："君子以说得多做得少为耻辱。"

子曰："不患人之不己知，患其不能也。"

【译文】孔子说："不担心别人不了解自己，只担心自己没有才能。"

或曰："以德报怨，何如？"子曰："何以报德？以直报怨，以德报德。"

【译文】有人问孔子："以德报怨，怎么样？"孔子道："拿什么来报答恩德呢？拿公平正直来报答怨恨，拿恩德来报答恩德。"

子曰："莫我知也夫！"子贡曰："何为其莫知子也？"子曰："不怨天，不尤人，下学而上达。知我者其天乎！"

【译文】孔子说："没有人了解我呀！"子贡问："为什么没有人了解您呢？"孔子说道："不怨天，不尤人，学习一些低级的知识，却能理解高深的道理。了解我的，只有天罢！"

在陈绝粮，从者病，莫能兴。子路愠见曰："君子亦有穷乎？"子曰："君子固穷，小人穷斯滥矣。"

【译文】（孔子）在陈国断了粮食，跟随的人都饿病了，不能动。子路很生气地来见孔子，说道："君子也有穷得毫无办法的时候吗？"孔子道："君子穷了还能坚持；小人穷了便会乱来。"

子张问行。子曰："言忠信，行笃敬，虽蛮貊之邦，行矣。言不忠信，行不笃敬，虽州里，行乎哉？立则见其参于前也，在舆则见其倚于衡也，夫然后行。"子张书诸绅。

【译文】子张问怎样做才能到处行得通。孔子道："言语老实，行为端正，即使到了落后地区，也行得通。言语不老实，行为不端正，就是在本乡本土，能行得通吗？站立的时候，就（仿佛）看见"老实端正"几个字在我们面前；坐在车箱里，也（仿佛）看见它刻在前面的横木上；这才能使自己到处行得通。"子张把这些话写在腰带上。

子曰："人无远虑，必有近忧。"

【译文】孔子说："一个人没有长远的考虑，一定会有近日的忧愁。"

子曰："躬自厚而薄责于人，则远怨矣。"

【译文】孔子说："要求自己多，而责备别人少，怨恨自然远离自己了。"

子曰："君子义以为质，礼以行之，孙以出之，信以成之。君子哉！"

【译文】孔子说："君子把道义看成根本，用礼节实行它，用谦逊的话宣传它，用诚实的态度实践它。这才是君子呀！"

子曰："君子求诸己，小人求诸人。"

【译文】孔子说："君子要求自己，小人要求别人。"

子曰："君子矜而不争，群而不党。"

【译文】孔子说："君子庄重而不争执，和人团结而不闹宗派。"

子贡问曰："有一言而可以终身行之者乎？"子曰："其恕乎！己所不欲，勿施于人。"

【译文】子贡问道："有没有一句话可以奉行终身呢？"孔子道："大概是'恕'罢！自己不想要的，就不要强加给别人。"

子曰："巧言乱德。小不忍，则乱大谋。"

【译文】孔子说："花言巧语足以败坏道德。小事不忍耐，便会搞坏大事。"

子曰："众恶之，必察焉；众好之，必察焉。"

【译文】孔子说："大家厌恶他，一定要去考察；大家喜爱他，也一定要去考察。"

子曰："过而不改，是谓过矣。"

【译文】孔子说："有错误而不改正，这就过分了。"

孔子曰："君子有三戒：少之时，血气未定，戒之在色；及其壮也，血气方刚，戒之在斗；及其老也，血气既衰，戒之在得。"

【译文】孔子说："君子有三件事情要警惕：年轻的时候，血气未定，便要警惕迷恋女色；等到长大成人了，血气正旺盛，要警惕喜好争斗；等到年老了，血气已经衰弱，便要警惕贪求无厌。"

孔子曰："君子有九思：视思明，听思聪，色思温，貌思恭，言思忠，事思敬，疑思问，忿思难，见得思义。"

【译文】孔子说："君子有九种思考：看的时候，考虑看明白了没有；听的时候，考虑听清楚了没有；脸上的颜色，考虑是否温和了；容貌态度，考虑是否庄重了；说的言语，考虑是否诚实了；对待工作，考虑是否已经认真了；遇到疑问，考虑怎样向人家请教；发怒的时候，考虑有什么不良后果；看见可得的，考虑是否该得。"

齐景公有马千驷，死之日，民无德而称焉。伯夷、叔齐饿于首阳之下，民到于今称之。其斯之谓与？

【译文】齐景公有马四千匹，死的时候，百姓不觉得他有什么可以称颂。伯夷、叔齐两人饿死在首阳山下，大家到现在还称颂他们。那就是这个意思吧！

子贡曰："君子亦有恶乎？"子曰："有恶：恶称人之恶者，恶居下而讪上者，恶勇而无礼者，恶果敢而窒者。"

曰："赐也亦有恶乎？""恶徼以为知者，恶不孙以为勇者，恶讦以为直者。"

【译文】子贡问："君子也有憎恶的事吗？"孔子道："有憎恶的事：憎恶一味传播别人坏处的人，憎恶在下位而毁谤上级的人，憎恶勇敢却不懂礼节的人，憎恶做事果敢却思想偏狭、执拗到底的人。"

孔子又说："赐，你也有憎恶的事吗？"子贡随即答道："我憎恶偷袭别人的成绩却自以为聪明的人，憎恶毫不谦虚却自以为勇敢的人，憎恶揭发别人阴私却自以为直率的人。"

　　子贡曰："君子之过也，如日月之食焉：过也，人皆见之；更也，人皆仰之。"

　　【译文】子贡说："君子的过失好比日蚀月蚀：犯错的时候，每个人都看得见；改错的时候，每个人都仰望着。"

三．仁　德

　　颜渊问仁。子曰："克己复礼为仁。一日克己复礼，天下归仁焉。为仁由己，而由人乎哉？"
　　颜渊曰："请问其目。"子曰："非礼勿视，非礼勿听，非礼勿言，非礼勿动。"
　　颜渊曰："回虽不敏，请事斯语矣。"

　　【译文】颜渊问仁德。孔子道："管好自己，使言语行动都合于礼，就是仁。一旦做到了，天下都会称许你是仁人。实践仁德，全靠自己，还靠别人吗？"
　　颜渊说："请问具体的做法。"孔子道："不合礼的事不看，不合礼的话不听，不合礼的话不说，不合礼的事不做。"
　　颜渊道："我虽然愚笨，也要按您这些话去做。"

　　仲弓问仁。子曰："出门如见大宾，使民如承大祭。己所不欲，勿施于人。在邦无怨，在家无怨。"

　　仲弓曰："雍虽不敏，请事斯语矣。"

　　【译文】仲弓问仁德。孔子说："出门好像去接待贵宾，役使百姓好像去承当大祀典，（都得严肃认真，小心谨慎。）自己所不喜欢的事物，就不强加于人。邦内没有人怨恨，家内也没有人怨恨。"

　　仲弓说："我虽然愚笨，也要按您这些话去做。"

　　樊迟问仁。子曰："居处恭，执事敬，与人忠。虽之夷狄，不可弃也。"

　　【译文】樊迟问仁德。孔子道："平日容貌态度端正，工作认真，对人忠诚。这几种品德，即使到国外去，也是不能废弃的。"

　　樊迟问知。子曰："务民之义，敬鬼神而远之，可谓知矣。"

　　问仁。曰："仁者先难而后获，可谓仁矣。"

　　【译文】樊迟问怎样做才算聪明。孔子道："引导人民走向'义'，心里尊敬鬼神，但行动上却远离他，可以说是聪明了。"

又问怎样做才叫做有仁德。孔子道："仁德的人克服困难在先，收获成果在后，可以说是仁德了。"

子曰："刚、毅、木、讷近仁。"

【译文】孔子说："刚强、果决、朴实、少说话，有这四种品德的人近于仁德。"

子曰："人而不仁，如礼何？人而不仁，如乐何？"

【译文】孔子说："做了人，却不仁，怎样来对待礼仪制度呢？做了人，却不仁，怎样来对待音乐呢？"

子曰："唯仁者能好人，能恶人。"

【译文】孔子说："只有仁人才能够喜爱某人，厌恶某人。"

子曰："苟志于仁矣，无恶也。"

【译文】孔子说："如果立定志向实行仁德，就不做坏事。"

子曰："富与贵，是人之所欲也；不以其道得之，不处

也。贫与贱，是人之所恶也；不以其道得之，不去也。君子
去仁，恶乎成名？君子无终食之间违仁，造次必于是，颠沛
必于是。"

【译文】孔子说："富和贵，这是人人所希望的；不用正当的
方法去得到它，君子不接受。穷和贱，这是人人所厌恶的；不用
正当的方法去摆脱它，君子就不摆脱。君子抛弃了仁德，怎样去
成就他的名声呢？君子没有吃一顿饭的功夫违背仁德，仓卒匆忙
时是这样，颠沛流离时也是这样。"

子曰："我未见好仁者恶不仁者。好仁者，无以尚之；
恶不仁者，其为仁矣，不使不仁者加乎其身。有能一日用其
力于仁矣乎？我未见力不足者。盖有之矣，我未之见也。"

【译文】孔子说："我不曾见到过爱好仁德的人厌恶不仁德的
人。爱好仁德的人，那是再好也没有的了；厌恶不仁德的人，他
行仁德，要使不仁德的东西不加在自己身上。有谁能只在某一天
用力实行仁德呢？我没见过实行仁德力量不够的。大概这样的人
是有的，我不曾见到罢了。"

子张问曰："令尹子文三仕为令尹，无喜色；三已之，
无愠色。旧令尹之政，必以告新令尹。何如？"子曰："忠

矣。"曰："仁矣乎?"曰："未知;——焉得仁?"

"崔子弑齐君,陈文子有马十乘,弃而违之。至于他邦,则曰:'犹吾大夫崔子也。'违之。之一邦,则又曰:'犹吾大夫崔子也。'违之。何如?"子曰："清矣。"曰："仁矣乎?"曰："未知;——焉得仁?"

【译文】子张问道："楚国的令尹子文三次做令尹,没有高兴的脸色;三次被罢免,没有怨恨的脸色。(每次交代工作)一定把自己的一切政令全部告诉接班的人。这个人怎么样?"孔子道:"可算忠于国家了。"子张道:"算不算仁呢?"孔子道:"不晓得;——这怎么能算是仁呢?"

子张又问:"崔杼无理地杀掉齐庄公,陈文子有四十匹马,舍弃不要,离开齐国。到了另一个国家,说道:'这里的执政者同我们的崔子差不多。'又离开。到了另一国,又说道:'这里的执政者同我们的崔子差不多。'又离开。这个人怎么样?"孔子道:"清白得很。"子张道:"算不算仁呢?"孔子道:"不晓得;——这怎么能算是仁呢?"

子曰："回也,其心三月不违仁,其余则日月至焉而已矣。"

【译文】孔子说:"颜回呀,他的心长久地不离开仁德,别的学生么,只是有时想起罢了。"

子曰："知者乐水，仁者乐山。知者动，仁者静。知者乐，仁者寿。"

【译文】孔子说："聪明人喜欢水，仁人喜欢山。聪明人好动，仁人好静。聪明人快乐，仁人长寿。"

子贡曰："如有博施于民而能济众，何如？可谓仁乎？"

子曰："何事于仁！必也圣乎！尧舜其犹病诸！夫仁者，己欲立而立人，己欲达而达人。能近取譬，可谓仁之方也已。"

【译文】子贡问："假若有这么一个人，广泛地给百姓施舍，又能帮助大家生活得很好，怎么样？可以说是仁德了吗？"孔子说："哪里仅是仁德！那一定是圣德了！尧舜或者都难以做到哩！仁是甚么呢？自己要成功，同时也使别人成功；自己要发达，同时也使别人发达。从眼前的事做起，可以说是实行仁德的方法了。"

子曰："仁远乎哉？我欲仁，斯仁至矣。"

【译文】孔子道："仁德难道离我们很远吗？我要它，它就来了。"

子张问:"士何如斯可谓之达矣?"子曰:"何哉,尔所谓达者?"子张对曰:"在邦必闻,在家必闻。"子曰:"是闻也,非达也。夫达也者,质直而好义,察言而观色,虑以下人。在邦必达,在家必达。夫闻也者,色取仁而行违,居之不疑。在邦必闻,在家必闻。"

【译文】子张问:"读书人要怎样做才可以叫达?"孔子道:"你所说的达是什么意思?"子张答道:"在国内有名望,在邦内也名望。"孔子道:"这个叫闻,不叫达。怎样才是达呢?禀性正直,遇事讲理,善于分析别人的言语,观察别人的颜色,从思想上愿意对别人退让。这种人,在国内有名望,在邦内也名望。至于闻,表面上似乎爱好仁德,实际行为却不如此,可是自己竟以仁人自居而不怀疑。这种人在国内也会有点名,在邦内也会有点名。"

樊迟问仁。子曰:"爱人。"问知。子曰:"知人。"

樊迟未达。子曰:"举直错诸枉,能使枉者直。"

樊迟退,见子夏曰:"乡也吾见于夫子而问知,子曰:'举直错诸枉,能使枉者直',何谓也?"

子夏曰:"富哉言乎!舜有天下,选于众,举皋陶,不仁者远矣。汤有天下，选于众，举伊尹，不仁者远矣。"

【译文】樊迟问仁。孔子道："爱人。"又问智。孔子道："善于了解人。"

樊迟不太理解。孔子道："把正直人提拔出来，放在邪恶人之上，能够使邪恶的人正直起来。"

樊迟退了出来，见着子夏，说道："刚才我去见老师向他问智，他说，'把正直人提拔出来，放在邪恶人之上'，这是什么意思?"

子夏道："意义多么丰富的话呀！舜有了天下，在众人之中挑选，把皋陶提拔出来，坏人就只好远走了。汤有了天下，在众人之中挑选，把伊尹提拔出来，坏人也就只好远走了。"

子贡问友。子曰："忠告而善道之，不可则止，毋自辱焉。"

【译文】子贡问对待朋友的方法。孔子道："忠心劝告他，好好引导他，他不听，也就罢了，不要自找侮辱。"

宪问耻。子曰："邦有道，谷；邦无道，谷，耻也。"

"克、伐、怨、欲不行焉，可以为仁矣?"子曰："可以为难矣，仁则吾不知也。"

【译文】原宪问如何算耻辱。孔子道："国家政治清明，做官领薪俸；国家政治黑暗，做官领薪俸，这就是耻辱。"

原宪又道："好胜、自夸、怨恨和贪心四种毛病都不曾有过，这可以说是仁人了吗？"孔子道："可以说是难能可贵了，若说是仁人，那我就不知道了。"

子路曰："桓公杀公子纠，召忽死之，管仲不死（注1）。"曰："未仁乎？"子曰："桓公九合（注2）诸侯，不以兵车，管仲之力也。如其仁，如其仁。"

【译文】子路说："齐桓公杀了他哥哥公子纠，（公子纠的师傅）召忽因此自杀，管仲却不死。"接着又说："管仲该不是有仁德的吧？"孔子回答说："齐桓公多次地主持诸侯间的会盟，停止了战争，都是管仲的力量。这就是管仲的仁德，这就是管仲的仁德。"

【注释】（1）管仲不死——齐桓公和公子纠都是齐襄公的弟弟。齐襄公无道，两人都怕牵累，桓公便由鲍叔牙侍奉逃往莒国，公子纠也由管仲和召忽侍奉逃往鲁国。襄公被杀以后，桓公先入齐国，立为君，便兴兵伐鲁，逼迫鲁国杀了公子纠，召忽自杀以殉主，管仲却做了桓公的宰相。这段历史可看《左传》庄公八年和九年。（2）九合——齐桓公纠合诸侯共计十一次。这一

"九"字实是虚数，不过表示其多罢了。

> 子贡曰："管仲非仁者与？桓公杀公子纠，不能死，又相之。"子曰："管仲相桓公，霸诸侯，一匡天下，民到于今受其赐。微管仲，吾其被发左衽矣。岂若匹夫匹妇之为谅也，自经于沟渎而莫之知也？"

【译文】子贡说："管仲不是仁人吧？桓公杀掉了公子纠，他不但不以身殉难，还去辅相他。"孔子回答："管仲辅相桓公，称霸诸侯，使天下得到匡正，人民到今天还受到他的好处。假若没有管仲，我们都会披头散发，衣襟向左边开（沦为落后民族了）。他难道要像普通老百姓一样守着小节小信，在山沟中自杀，还没有人知道吗？"

> 子曰："志士仁人，无求生以害仁，有杀身以成仁。"

【译文】孔子说："志士仁人，不要贪生怕死因而损害仁德，只有勇于牺牲来成全仁德。"

> 子曰："民之于仁也，甚于水火。水火，吾见蹈而死者矣，未见蹈仁而死者也。"

【译文】孔子说："百姓需要仁德，更急于需要水火。往水火里跳，我看见因而死了的，却从没有看见实行仁德因而死了的。"

子张问仁于孔子。孔子曰："能行五者于天下为仁矣。"

"请问之。"曰："恭，宽，信，敏，惠。恭则不侮，宽则得众，信则人任焉，敏则有功，惠则足以使人。"

【译文】子张向孔子问仁。孔子说："能够处处实行五种品德，便是仁人了。"

子张问："请问哪五种？。"孔子回答："庄重，宽厚，诚实，勤敏，慈惠。庄重就不致蒙受侮辱，宽厚就会得到大众的拥护，诚实就会得到别人的任用，勤敏就会工作效率高、贡献大，慈惠就能够役使人。"

子曰："巧言令色，鲜矣仁。"

【译文】孔子说："花言巧语，伪善的面貌，这种人，'仁德'是不会多的。"

厩焚。子退朝，曰："伤人乎？"不问马。

【译文】孔子的马棚失了火。孔子从朝廷回来，问道："伤了人吗?"不问马。

> 季路问事鬼神。子曰:"未能事人,焉能事鬼?"
>
> 曰:"敢问死。"曰:"未知生,焉知死?"

【译文】子路问服事鬼神的方法。孔子道:"活人还不能服事,怎么能去服事死人?"

子路又道:"我大胆地请问死是怎么回事。"孔子道:"生的道理还没有弄明白,怎么能够懂得死?"

> 司马牛忧曰:"人皆有兄弟,我独亡。"子夏曰:"商闻之矣:死生有命,富贵在天。君子敬而无失,与人恭而有礼。四海之内,皆兄弟也——君子何患乎无兄弟也?"

【译文】司马牛忧愁地说道:"别人都有兄弟,单单我没有。"子夏道:"我听说过:死生有命,富贵在天。君子只是对待工作严肃认真,不出差错,对待别人恭敬有礼。天下之大,到处都是兄弟——君子又何必着急没有兄弟呢?"

四．礼　仪

> 林放问礼之本。子曰:"大哉问!礼,与其奢也,宁俭;

丧，与其易也，宁戚。"

有子曰："礼之用，和为贵。先王之道，斯为美；小大由之。有所不行，知和而和，不以礼节之，亦不可行也。"

【译文】林放问礼的本质。孔子说："你的问题意义重大呀，就一般礼仪说，与其铺张浪费，宁可朴素俭约；就丧礼说，与其仪文周到，宁可过度悲哀。"

有子说："礼的作用，以和谐为贵。过去圣明君王治理国家，以此为美；他们小事大事都讲和谐。遇到矛盾，便用恰当的办法解决矛盾，以求和谐，有时不用一定的礼仪制度来加以节制，也是行不通的。"

祭如在，祭神如神在。子曰："吾不与祭，如不祭。"

【译文】孔子祭祀祖先的时候，便好像祖先真在那里；祭神的时候，便好像神真在那里。孔子说："我若是不能亲自参加祭祀，是不请别人代理的。"

定公问："君使臣，臣事君，如之何？"孔子对曰："君使臣以礼，臣事君以忠。"

【译文】鲁定公问："君主使用臣子，臣子服事君主，各应该怎样做?"孔子答道:"君主应该依礼来使用臣子,臣子应该忠心地服事君主。"

子曰:"恭而无礼则劳,慎而无礼则葸,勇而无礼则乱,直而无礼则绞。君子笃于亲,则民兴于仁;故旧不遗,则民不偷。"

【译文】孔子说:"对人恭敬却不知礼,就难免劳而无功;做事谨慎却不知礼,就流于畏葸懦弱;敢说敢干却不知礼,就会盲动乱干;心直口快却不知礼,就会挖苦人。在上位的人能用深厚感情对待亲族,老百姓就会走向仁德;在上位的人不遗弃他的老同事、老朋友,那老百姓就不致对人冷淡无情。"

曾子有疾,孟敬子问之。曾子言曰:"鸟之将死,其鸣也哀;人之将死,其言也善。君子所贵乎道者三:动容貌,斯远暴慢矣;正颜色,斯近信矣;出辞气,斯远鄙倍矣。笾豆之事,则有司存。"

【译文】曾参病了,孟敬子探问他。曾子说:"鸟要死了,叫声是悲哀的;人要死了,说出的话是好话。在上位的人待人接物有三方面应该注意:严肃自己的容貌,就可以避免别人的粗暴和懈怠;端正自己的脸色,就容易使人相信;说话时多考虑言辞和

声调，就可以避免鄙陋粗野和错误。至于礼仪的细节，自有主管
人员负责。"

五．重　道

子曰："朝闻道，夕死可矣。"

【译文】孔子说："早晨得知真理，当晚就死去，都可以。"

子曰："士志于道，而耻恶衣恶食者，未足与议也。"

【译文】孔子说："读书人有志于追求真理，但又以吃粗粮穿
破衣为耻辱，这种人，就不值得同他讨论问题了。"

子曰："道不同，不相为谋。"

【译文】孔子说："主张不同，不互相商议。"

子曰："宁武子，邦有道，则知；邦无道，则愚。其知
可及也，其愚不可及也。"

【译文】孔了说："宁武子在国家太平时，便聪明；在国家昏

暗时，便糊涂。他那聪明，别人赶得上；那糊涂，别人就赶不上了。"

子曰："君子之于天下也，无适也，无莫也，义之与比。"

【译文】孔子说："君子对于天下的事情，没规定要怎样干，也没规定不要怎样干，道义和作为连在一起。"

子曰："君子怀德，小人怀土；君子怀刑，小人怀惠。"

【译文】孔子说："君子怀念道德，小人怀念乡土；君子关心法度，小人关心恩惠。"

子曰："不患无位，患所以立。不患莫己知，求为可知也。"

【译文】孔子说："不发愁没有职位，只发愁没有任职的本领；不怕没有人了解自己，去提高让人了解的本领好了。"

子曰："参乎！吾道一以贯之。"曾子曰："唯。"子出，门人问曰："何谓也?"曾子曰："夫子之道，忠恕而已矣。"

【译文】孔子说："曾参呀！我的学说贯穿着一个基本观念。"曾子说："是。"孔子走出去以后，别的学生便问曾子："说的是什么意思？"曾子道："他老人家的学说，只是忠和恕罢了。"

冉求曰："非不说子之道，力不足也。"子曰："力不足者，中道而废。今女画。"

【译文】冉求说："不是我不喜欢您的学说，是我力量不够。"孔子说："如果真是力量不够，走到半道才会停下来。现在你却没有动。"

子曰："君子喻于义，小人喻于利。"

【译文】孔子说："君子知道的是义，小人知道的是利。"

子贡问曰："赐也何如？"子曰："女，器也。"曰："何器也？"曰："瑚琏也。"

【译文】子贡问道："我是一个怎样的人？"孔子道："你好比是一个器皿。"子贡道："什么器皿？"孔子道："宗庙里盛黍稷的瑚琏。"

季文子三思而后行。子闻之，曰："再，斯可矣。"

【译文】季文子每件事考虑多次才行动。孔子听到了，说："想两次也就可以了。"

颜渊季路侍。子曰："盍各言尔志?"子路曰："愿车马衣裘与朋友共，敝之而无憾。"

颜渊曰："愿无伐善，无施劳。"

子路曰："愿闻子之志。"

子曰："老者安之，朋友信之，少者怀之。"

【译文】孔子坐着，颜渊、季路两人站在他身边。孔子说："何不各人说说自己的志向?"

子路道："愿意把我的车马衣服同朋友共同使用，坏了也没有什么遗憾。"

颜渊道："愿意不夸耀自己的好处，不表白自己的功劳。"

子路向孔子道："希望听到您的志向。"

孔子道："老者安逸，朋友信任，年青人怀念（我）。"

子华使于齐，冉子为其母请粟。子曰："与之釜。"

请益。曰："与之庾。"

冉子与之粟五秉。

子曰："赤之适齐也，乘肥马，衣轻裘。吾闻之也：君子周急不继富。"

【译文】 公西华被派到齐国去作使者，冉有替他母亲向孔子请求小米。孔子道："给他六斗四升。"

冉有请求增加。孔子道："再给他二斗四升。"

冉有却给了他八十石。

孔子道："公西赤到齐国去，坐着由肥马驾的车辆，穿着又轻又暖的皮袍。我听说过：君子只是雪里送炭，不去锦上添花。"

原思为之宰，与之粟九百，辞。子曰："毋！以与尔邻里乡党乎！"

【译文】 原思任孔子家的总管，孔子给他小米九百，他不肯受。孔子道："别辞，有多的，给你的乡邻吧！"

伯牛有疾，子问之，自牖执其手，曰："亡之，命矣夫！斯人也而有斯疾也！斯人也而有斯疾也！"

【译文】 伯牛生了病，孔子去探问他，从窗户里握着他的手，说道："要死了，这是命呀，这样的人竟有这样的病！这样的人竟有这样的病！"

子曰："质胜文则野，文胜质则史。文质彬彬，然后君子。"

【译文】孔子说："朴实多于文采，就未免粗野；文采多于朴实，又未免虚浮。文采和朴实，配合适当，这才是个君子。"

子曰："述而不作，信而好古，窃比于我老彭。"

【译文】孔子说："阐述而不创作，以相信的态度喜爱古代文化，私自和我老彭相比。"

子曰："甚矣吾衰也！久矣吾不复梦见周公！"

【译文】孔子说："我衰老得多么严重呀！我很长时间没再梦见周公了！"

子谓颜渊曰："用之则行，舍之则藏，惟我与尔有是夫！"
子路曰："子行三军，则谁与？"
子曰："暴虎冯河，死而无悔者，吾不与也。必也临事而惧，好谋而成者也。"

【译文】孔子对颜渊道："用我呢，就干起来；不用呢，就藏起来。只有我和你才能这样吧！"

子路道："您若率领军队，找谁共事？"

孔子道："赤手空拳和老虎搏斗，不用船只去渡河，这样死了都不后悔的人，我是不和他共事的。（我所找他共事的）一定是面临任务便恐惧谨慎，善于谋略而能成功的人！"

冉有曰："夫子为卫君乎？"子贡曰："诺；吾将问之。"

入，曰："伯夷、叔齐何人也？"曰："古之贤人也。"

曰："怨乎？"曰："求仁而得仁，又何怨？"

出，曰："夫子不为也。"

【译文】冉有说："老师赞成卫君吗？"子贡道："好罢；我去问问他。"

子贡进到孔子屋里，问道："伯夷、叔齐是什么样的人？"孔子道："是古代的贤人。"子贡道："（他们两人互相推让，都不肯做孤竹国的国君，结果都跑到国外，）是不是后来又互相埋怨呢？"孔子道："他们求仁德，便得到了仁德，又埋怨什么呢？"

子贡走出，答复冉有道："老师不赞成卫君。"

子曰："麻冕，礼也；今也纯，俭，吾从众。拜下，礼也；今拜乎上，泰也。虽违众，吾从下。"

【译文】孔子说："礼帽用麻料来织，这是合于传统的礼的；今天大家都用丝料，这样省俭些，我同意大家的做法。臣见君，先在堂下磕头，然后升堂又磕头，这是合于传统的礼的。今天大家都免除了堂下的磕头，只升堂后磕头，这是骄傲的表现。虽然与大家不一致，我仍然主张要先在堂下磕头。"

子畏于匡，曰："文王既没，文不在兹乎？天之将丧斯文也，后死者得与于斯文也；天之未丧斯文也，匡人其如予何？"

【译文】孔子在匡地被拘禁，便道："周文王死了以后，一切传统文化不都在我这里吗？天若是要消灭这种文化，那我也不会掌握这些文化了；天若是不要消灭这一文化，那匡人能把我怎么样呢？"

子疾病，子路使门人为臣（注）。病间，曰："久矣哉，由之行诈也！无臣而为有臣。吾谁欺？欺天乎！且予与其死于臣之手也，无宁死于二三子之手乎！且予纵不得大葬，予死于道路乎？"

【译文】孔子病得厉害，子路便命孔子的学生组织治丧处。很久以后，孔子的病渐渐好了，就说："仲由干这种越礼的事时间太长久了！我本不该有治丧的组织，却一定要使人组织治丧处。我欺哄谁呢？欺哄上天吗？我与其死在治丧人的手里，宁肯死在你们学生们的手里，不还好些吗？即使不能热热闹闹地办理丧葬，我会死在路上吗？"

【注释】为臣——类似今天的组织治丧处。"臣"在死者死前便工作，料理死者的衣衾手足的安排以及鬓须诸事。春秋时代，诸侯死了才能有"臣"；孔子生活的时代，可能有许多卿大夫也"僭"行此礼。

子贡曰："有美玉于斯，韫椟而藏诸？求善贾而沽诸？"子曰："沽之哉！沽之哉！我待贾者也。"

【译文】子贡问："这里有一块美玉，把它放在柜子里藏起来呢？还是找一个识货的商人卖掉呢？"孔子道："卖掉，卖掉，我是在等待识货者哩。"

子欲居九夷。或曰："陋，如之何？"子曰："君子居之，何陋之有？"

【译文】孔子想搬到九夷去住。有人说："那地方简陋，怎么

99

好住？"孔子道："有君子去住，就不简陋了。"

子在川上，曰："逝者如斯夫！不舍昼夜。"

【译文】孔子在河边，叹道："消逝的时光像河水一样呀！日夜不停地流去。"

子曰："后生可畏，焉知来者之不如今也？四十、五十而无闻焉，斯亦不足畏也已。"

【译文】孔子说："年青人是可怕的，怎能断定他的将来赶不上现在的人呢？一个人到了四五十岁还没有什么名望，也就值不得惧怕了。"

子曰："三军可夺帅也，匹夫不可夺志也。"

【译文】孔子说："一国军队，可以使它丧失主帅；一个男子汉，却不能强迫他放弃主张。"

子曰："岁寒，然后知松柏之后雕也。"

【译文】孔子说："天冷了，才晓得松柏是最后凋落的。"

子曰："可与共学，未可与适道；可与适道，未可与立；可与立，未可与权。"

【译文】孔子说："可以同他一道学习的人，未必能树立共同的志向；可以有共同志向的人，未必可以同他一道干一番事业；可以同他一道干一番事业的人，未必可以同他一道随机应变。"

子贡问曰："何如斯可谓之士矣？"子曰："行己有耻，使于四方，不辱君命，可谓士矣。"

曰："敢问其次。"曰："宗族称孝焉，乡党称弟焉。"

曰："敢问其次。"曰："言必信，行必果，硁硁然小人哉！——抑亦可以为次矣。"

曰："今之从政者何如？"子曰："噫！斗筲之人，何足算也？"

【译文】子贡问道："怎样才可以叫做'士'？"孔子道："自己行为保持羞耻之心，出使外国，很好地完成君主的使命，可以叫做'士'了。"

子贡道："请问次一等的。"孔子道："宗族称赞他孝顺父母，乡里称赞他恭敬尊长。"

子贡又道："请问再次一等的。"孔子道："言语一定诚信，行为一定坚决，这是不问是非黑白而只管自己贯彻言行的小人呀，但也可以说是再次一等的'士'了。"

子贡道："现在的执政者怎么样？"孔子道："咳！这班器识狭小的人算得什么？"

子曰："南人有言曰：'人而无恒，不可以作巫医。'善夫！"

"不恒其德，或承之羞。"子曰："不占而已矣。"

【译文】孔子说："南方人有句话说，'人假若没有恒心，连巫医都做不了。'这句话很好呀！"

（《易经·恒卦》的爻辞说：）"三心二意，翻云覆雨，总有人招致羞耻。"孔子又说："这话的意思是叫无恒心的人不必去占卦罢了。"

子曰："爱之，能勿劳乎？忠焉，能勿诲乎？"

【译文】孔子说："爱他，能不叫他劳苦吗？忠于他，能够不教他吗？"

子曰："可与言而不与之言，失人；不可与言而与之言，失言。知者不失人，亦不失言。"

【译文】孔子说："可以同他谈，却不同他谈，这是错过人才；不可以同他谈，却同他谈，这是浪费言语。聪明人既不错过人才，也不浪费言语。"

师冕（注）见，及阶，子曰："阶也。"及席，子曰："席也。"皆坐，子告之曰："某在斯，某在斯。"

师冕出。子张问曰："与师言之道与？"子曰："然；固相师之道也。"

【译文】师冕来见孔子，走到阶沿，孔子道："这是阶沿啦。"走到坐席旁，孔子道："这是坐席啦。"都坐定了，孔子告诉他说："某人在这里，某人在这里。"

师冕走了出来。子张问道："这是同瞎子讲话的方式吗？"孔子道："是的；这本来是帮助瞎子的方式。"

【注】师冕——师，乐师，冕，人名。

孔子曰："益者三友，损者三友。友直，友谅，友多闻，益矣。友便辟，友善柔，友便佞，损矣。"

【译文】孔子说："有益的朋友有三种，有害的朋友也有三种。同正直的人交朋友，同诚实的人交朋友，同见闻广博的人交朋友，便有益了。同谄媚奉承的人交朋友，同当面恭维背面毁谤的人交朋友，同夸夸其谈的人交朋友，便有害了。"

孔子曰："益者三乐，损者三乐。乐节礼乐，乐道人之善，乐多贤友，益矣。乐骄乐，乐佚游，乐晏乐，损矣。"

【译文】孔子说："有益的快乐有三种，有害的快乐也有三种。以得到礼乐的调节为快乐，以宣扬别人的好处为快乐，以交了不少有益的朋友为快乐，便有益了。以骄傲为快乐，以游荡忘返为快乐，以饮食荒淫为快乐，便有害了。"

子曰："性相近也，习相远也。"

【译文】孔子说："人性本相近，因为习染不同，便相距很远了。"

子曰："乡愿，德之贼也。"

【译文】孔子说："不分是非的好好先生是足以败坏道德的小人。"

子曰："道听而涂说，德之弃也。"

【译文】孔子说："听到道路传言就四处传播，是有德之人摒弃的作风。"

子路曰："君子尚勇乎?"子曰："君子义以为上，君子有勇而无义为乱，小人有勇而无义为盗。"

【译文】子路问道："君子崇尚勇敢吗?"孔子道："君子认为义是最可崇尚的，君子只有勇没有义，就会捣乱；小人只有勇没有义，就会做强盗。"

六．治 国

子曰："巍巍乎，舜禹之有天下也而不与焉!"

【译文】孔子说："真是崇高呀!舜和禹贵为天子，富有四海，一点也不为自己。"

子曰："大哉尧之为君也!巍巍乎!唯天为大，唯尧则之。荡荡乎，民无能名焉。巍巍乎其有成功也，焕乎其有文章!"

【译文】孔子说："尧作为国君真伟大呀!真崇高呀!只有天

最高最大，只有尧能够学习天。他的恩惠真是广博呀！老百姓简直不知道怎样歌颂他。他的功绩实在太崇高了，他的礼仪制度也真够美好了！"

子曰："为政以德，譬如北辰居其所而众星共之。"

【译文】孔子说："用道德来治理国政，自己便会像北极星一样，处在一定的位置，别的星辰都环绕着你。"

子曰："道之以政，齐之以刑，民免而无耻；道之以德，齐之以礼，有耻且格。"

【译文】孔子说："用政令来引导他们，使用刑罚来整顿他们，人民只是暂时地免于犯罪，却没有廉耻之心。如果用道德来引导他们，用礼教来规范他们，人民不但有廉耻之心，而且能自觉控制行为。"

子曰："道千乘之国，敬事而信，节用而爱人，使民以时。"

【译文】孔子说："治理拥有一千辆兵车的国家，就要严肃认真地对待工作，信实无欺，节约费用，爱护官吏，役使老百姓要按时。"

哀公问曰："何为则民服?"孔子对曰："举直错诸枉,则民服;举枉错诸直,则民不服。"

【译文】鲁哀公问道："怎么做才能使百姓信服呢?"孔子答道："把正直的人提拔出来,放在邪曲的人之上,百姓就信服了;若是把邪曲的人提拔出来,放在正直的人之上,百姓就会不信服。"

季康子问："使民敬、忠以劝,如之何?"子曰："临之以庄,则敬;孝慈,则忠;举善而教不能,则劝。"

【译文】季康子问道："要使人民敬上、忠诚和互相勉励,应该怎么办呢?"孔子说："你对待人民的事情严肃认真,他们对待你也就会尊敬了;你孝顺父母,慈爱幼小,他们就也就会对你忠诚了;你重用好人、教育能力弱的人,他们就也就会劝勉了。"

子曰："居上不宽,为礼不敬,临丧不哀,吾何以观之哉?"

【译文】孔子说："居丁高位不宽宏大量,举行礼仪的时候不认真，参加丧礼的时候不悲哀，我怎么看他？"

子曰："能以礼让为国乎？何有？不能以礼让为国，如礼何？"

【译文】孔子说："能够用礼让来治理国家吗？这有什么困难呢？如果不能用礼让来治理国家，又怎样来对待礼仪呢？"

阳货欲见孔子，孔子不见，归孔子豚。
孔子时其亡也，而往拜之。
遇诸涂。
谓孔子曰："来！予与尔言。"曰："怀其宝而迷其邦，可谓仁乎？"曰："不可。——好从事而亟失时，可谓知乎？"曰："不可。——日月逝矣，岁不我与。"
孔子曰："诺；吾将仕矣。"

【译文】阳货想要孔子来见自己，孔子不去，他便送孔子一个熟小猪，想使孔子到他家来道谢。
孔子探听他不在家的时候，去拜谢。
两人在路上碰着了。
他对孔子说道："来，我同你说话。"（孔子走了过去。）他接着说："自己有一身本领，却听任着国家的事情糊里糊涂，可以叫做仁爱吗?"(孔子没吭声。)他继续说:"不可以;——一个人喜欢做官,却屡屡错过机会,可以叫做聪明吗?"(孔子仍然没吭声)他又接着说:"不可以;——时光一去,就不再回来了呀。"

孔子这才说道:"好吧;我打算做官了。"

> 季康子问:"仲由可使从政也与?"子曰:"由也果,于从政乎何有?"

> 曰:"赐也可使从政也与?"曰:"赐也达,于从政乎何有?"

> 曰:"求也可使从政也与?"曰:"求也艺,于从政乎何有?"

【译文】季康子问:"仲由可以用来治理政事么?"孔子说:"仲由果敢决断,让他治理政事有什么问题呢?"

又问:"端木赐可以用来治理政事么?"孔子道:"端木赐通情达理,让他治理政事有什么问题呢?"

又问:"冉求可以用来治理政事么?"孔子道:"冉求多才多艺,让他治理政事有什么问题呢?"

> 子曰:"谁能出不由户?何莫由斯道也?"

【译文】孔子说:"谁能够外出不经过院门?为什么没有人从

我这条路走呢?"

> 舜有臣五人而天下治。武王曰:"予有乱臣十人。"孔子
> 曰:"才难,不其然乎!唐虞之际,于斯为盛。有妇人焉,
> 九人而已。三分天下有其二,以服事殷。周之德,其可谓至
> 德也已矣。"

【译文】舜有五位贤臣,天下便太平。武王也说过,"我有十位能治理天下的臣子。"孔子对此说道:"'人才难得。'不是这样吗?唐尧和虞舜之时,人才最兴盛。武王十位人才之中还有一位妇女,实际上只是九位罢了。周文王得了天下的三分之二,仍然向商纣王称臣,周的道德,可以说是最高的了。"

> 入公门,鞠躬如也,如不容。
> 立不中门,行不履阈。
> 过位,色勃如也,足躩如也,其言似不足者。
> 摄齐升堂,鞠躬如也,屏气似不息者。
> 出,降一等,逞颜色,怡怡如也。
> 没阶,趋进,翼如也。
> 复其位,踧踖如也。

【译文】孔子走进朝廷的门,害怕而谨慎的样子,好像没有

容身之地。

站，不站在门的中间；走，不踩门坎。

经过国君的坐位，面色便严肃，脚步也快，言语也好像中气不足。

提起衣服的下摆向堂上走，恭敬谨慎，憋住气好像不呼吸一样。

走出来，走下台阶一级，面色便放松，怡然自得。

走完了台阶，快快地向前走几步，好像鸟儿舒展翅膀。

回到自己的位置，恭敬而内心不安的样子。

　　子贡问政。子曰："足食，足兵，民信之矣。"

　　子贡曰："必不得已而去，于斯三者何先？"曰："去兵。"

　　子贡曰："必不得已而去，于斯二者何先？"曰："去食。自古皆有死，民无信不立。"

【译文】子贡问怎样去治理政事。孔子道："粮食足，军备足，百姓信任。"

子贡道："如果迫于不得已，在粮食、军备和民信之中一定要去掉一项，先去掉哪一项？"孔子道："去掉军备。"

子贡道："如果迫于不得已，在粮食和民信之中一定要去掉一项，先去掉哪一项？"孔子道："去掉粮食。（没有粮食，不过死亡，但）自古以来谁都免不了死亡。如果没有人民对政府的信任，国家是站不住的。"

哀公问于有若曰:"年饥,用不足,如之何?"

有若对曰:"盍彻(注)乎?"

曰:"二,吾犹不足,如之何其彻也?"

对曰:"百姓足,君孰与不足?百姓不足,君孰与足?"

【译文】鲁哀公向有若问道:"年成不好,国家用度不够,应该怎么办?"

有若答道:"为什么不实行十分抽一的税率呢?"

哀公道:"十分抽二,我还不够,怎么能十分抽一呢?"

答道:"如果百姓的用度够,您怎么会不够?如果百姓的用度不够,您又怎么会够?"

【注】彻是周代田税制度,十分收入一分交税。

齐景公问政于孔子。孔子对曰:"君君,臣臣,父父,子子。"公曰:"善哉!信如君不君,臣不臣,父不父,子不子,虽有粟,吾得而食诸?"

【译文】齐景公问孔子如何处理国政。孔子答道:"国君要像国君的样子,臣子要像臣子的样子,父亲要像父亲的样子,儿子要像儿子的样子。"景公道:"对呀!若是国君不像国君,臣子不

像臣子，父亲不像父亲，儿子不像儿子，即使有粮食，我能吃得
着吗？"

子张问政。子曰："居之无倦，行之以忠。"

【译文】子张问如何从政。孔子说："在岗位不要疲倦懈怠，
执行政令要忠心。"

季康子问政于孔子。孔子对曰："政者，正也。子帅以
正，孰敢不正？"

【译文】季康子问孔子如何从政。孔子答道："政字的意思就
是使人端正。您自己带头端正，谁敢不端正呢？"

季康子患盗，问于孔子。孔子对曰："苟子之不欲，虽
赏之不窃。"

【译文】季康子苦于盗贼太多，向孔子求教。孔子答道："假
若您不贪求太多的财货，就是奖励偷窃，他们也不会干。"

季康子问政于孔子曰："如杀无道，以就有道何如？"孔
子对曰："子为政，焉用杀？子欲善而民善矣。君子之德风，

小人之德草。草上之风，必偃。"

【译文】季康子向孔子请教国政，说："假若杀掉坏人来亲近好人，怎么样？"孔子答道："您治理国政，为什么要杀人呢？您把国家搞好了，百姓也就会好起来。领导人的作风好比风，老百姓的作风好比草。风向哪边吹，草向哪边倒。"

子路问政。子曰："先之劳之。"请益。曰："无倦。"

【译文】子路问如何从政。孔子说："自己给百姓带头，然后让他们勤劳地工作。"子路请求多讲一点。孔子又道："永远不要懈怠。"

仲弓为季氏宰，问政。子曰："先有司，赦小过，举贤才。"
曰："焉知贤才而举之？"子曰："举尔所知；尔所不知，人其舍诸？"

【译文】仲弓做了季氏家的总管，向孔子问如何从政。孔子道："给工作人员带头，赦免人家的小过错，提拔优秀的人才。"
仲弓道："从哪里去找优秀人才把他们提拔出来呢？"孔子道："提拔你所知道的；那些你所不知道的，别人难道会埋没他吗？"

　　子路曰："卫君待子而为政，子将奚先？"

　　子曰："必也正名乎！"

　　子路曰："有是哉，子之迂也！奚其正？"

　　子曰："野哉，由也！君子于其所不知，盖阙如也。名不正，则言不顺；言不顺，则事不成；事不成，则礼乐不兴；礼乐不兴，则刑罚不中；刑罚不中，则民无所错手足。故君子名之必可言也，言之必可行也。君子于其言，无所苟而已矣。"

【译文】子路对孔子说："卫君等着您去治理国政，您准备首先干什么？"

　　孔子道："那一定是纠正名分上的用词不当罢！"

　　子路道："您的迂腐竟到如此地步！这又何必纠正？"

　　孔子道："你怎么这样粗卤！君子对于他所不懂的事情，大概采取保留态度，（你怎么能乱说呢？）用词不当，言语就不能顺当；言语不顺当，事情就办不成；事情办不成；国家的礼乐制度也就兴不起来；礼乐制度兴不起来，刑罚也就不会得当；刑罚不得当，百姓就会无所措手足。所以君子用一个词，一定有它可以说得出来的理由；所说的话也一定行得通。君子对自己的说话一点不能马虎。"

子曰："其身正，不令而行；其身不正，虽令不从。"

【译文】孔子说："（统治者）本身行为端正，不发命令，事情也行得通。本身行为不端正，即使三令五申，百姓也不会听从。"

子适卫，冉有仆。子曰："庶矣哉！"

冉有曰："既庶矣，又何加焉？"曰："富之。"

曰："既富矣，又何加焉？"曰："教之。"

【译文】孔子到卫国，冉有替他驾车。孔子说："好稠密的人口！"

冉有问："人口已经多了，又该怎么办呢？"孔子道："使他们富裕起来。"

冉有道："已经富裕了，又该怎么办呢？"孔子道："教育他们。"

子曰："苟有用我者，期月而已可也，三年有成。"

【译文】孔子说："假若有用我（主持国政）的，一年便可以了，三年便会很有成绩。"

子曰："'善人为邦百年，亦可以胜残去杀矣。'诚哉是言也!"

【译文】孔子说:"'好人治国一百年,也可以克服残暴免除虐杀了。'这句话说得真对呀!"

子曰:"苟正其身矣,于从政乎何有?不能正其身,如正人何?"

【译文】孔子说:"假若端正了自己,治理国政有什么困难呢?不能端正自身,怎么端正别人呢?"

叶公问政。子曰:"近者悦,远者来。"

【译文】叶公问如何从政。孔子说:"让境内的人高兴,让境外的人来投奔。"

子夏为莒父宰,问政。子曰:"无欲速,无见小利。欲速,则不达;见小利,则大事不成。"

【译文】子夏做了莒父的县长,问如何理政。孔子答道:"不要图快,不要顾小利。图快,反而不能达到目的;顾小利,就办不成大事。"

子曰："君子和而不同，小人同而不和。"

【译文】孔子说："君子搞和谐而允许有不同意见，小人口头赞同而行动不利和谐。"

子曰："晋文公谲而不正，齐桓公正而不谲。"

【译文】孔子说："晋文公诡诈好耍手段，作风不正派；齐桓公作风正派，不用诡诈，不要手段。"

子路问事君。子曰："勿欺也，而犯之。"

【译文】子路问怎样服侍人君。孔子道："不要欺骗他，（必要时）却可以顶撞他。"

子曰："上好礼，则民易使也。"

【译文】孔子说："统治者遇事依礼而行，百姓就容易听指挥。"

子曰："诵《诗》三百，授之以政，不达；使于四方，不能专对；虽多，亦奚以为？"

【译文】孔子说："熟读《诗经》三百篇，交给他政治任务，却办不通；叫他出使外国，又不能独立地去应对；即使读得多，有什么用处呢？"

子路问君子。子曰："修己以敬。"

曰："如斯而已乎？"曰："修己以安人。"

曰："如斯而已乎？"曰："修己以安百姓。修己以安百姓，尧舜其犹病诸？"

【译文】子路问怎样才能算是一个君子。孔子道："修养自己得到别人尊敬。"

子路问："这样就够了吗？"孔子道："修养自己来使上级安乐。"

子路问："这样就够了吗？"孔子道："修养自己来使老百姓安乐。修养自己来使老百姓安乐，尧舜大概还没有完全做到哩！"

卫灵公问陈于孔子。孔子对曰："俎豆之事，则尝闻之矣；军旅之事，未之学也。"明日遂行。

【译文】卫灵公向孔子问军队陈列之法。孔子答道："礼仪的事情，我曾经听到过；军队的事情，从来没学习过。"第二天便离开卫国。

子曰："直哉史鱼！邦有道，如矢；邦无道，如矢。君子哉蘧伯玉！邦有道，则仕；邦无道，则可卷而怀之。"

【译文】孔子说："好一个刚直的史鱼！政治清明像箭一样直，政治黑暗也像箭一样直。好一个君子蘧伯玉！政治清明就出来做官，政治黑暗就可以把自己的本领收藏起来。"

子曰："君子不以言举人，不以人废言。"

【译文】孔子说："君子不因为人家一句好话便提拔他，不因为他的为人而鄙弃他的好话。"

季氏将伐颛臾。冉有、季路见于孔子曰："季氏将有事于颛臾。"

孔子曰："求！无乃尔是过与？夫颛臾，昔者先王以为东蒙主，且在邦域之中矣，是社稷之臣也。何以伐为？"

冉有曰："夫子欲之，吾二臣者皆不欲也。"

孔子曰："求！周任有言曰：'陈力就列，不能者止。'危而不持，颠而不扶，则将焉用彼相矣？且尔言过矣，虎兕出于柙，龟玉毁于椟中，是谁之过与？"

冉有曰："今夫颛臾，固而近于费。今不取，后世必为子孙忧。"

孔子曰："求！君子疾夫舍曰欲之而必为之辞。丘也闻有国有家者，不患寡而患不均，不患贫而患不安。盖均无贫，和无寡，安无倾。夫如是，故远人不服，则修文德以来之。既来之，则安之。今由与求也，相夫子，远人不服，而不能来也；邦分崩离析，而不能守也；而谋动干戈于邦内。吾恐季孙之忧，不在颛臾，而在萧墙之内也。"

【译文】季氏准备攻打颛臾。冉有、子路两人谒见孔子，说道："季氏准备对颛臾动武。"

孔子道："冉求，这难道不应该责备你吗？颛臾，上代的君王曾经让他主持东蒙山的祭祀，而且它就在我们的疆土之内，这正是国家的大臣。为什么要去攻打它呢？"

冉有道："季孙要这么干，我们两人本来都是不同意的。"

孔子道："冉求！周任有句话说：'能够贡献自己的力量，这再任职；如果不行，就该辞职。'譬如瞎子遇到危险，不去扶持；将要摔倒了，不去搀扶，那又何必用助手呢？你的话说错了。老虎犀牛从槛里逃了出来，龟壳美玉在匣子里毁坏了，这是谁的责任呢？"

冉有说："颛臾的城墙很牢固，而且离季孙的采邑费地很近。

现今不把它占领，将来一定会给子孙留下祸害。"

孔子说："冉求！君子就讨厌不说自己贪心，却一定另找借口。我听说过：无论是诸侯或者大夫，不必担心财富不多，只须担心财富不均；不必担心人口太少，只须担心境内不安。若是财富平均，便无所谓贫穷；境内和平，便不会觉得人少；境内平安，便不会有危险。做到这些，远方的人还不归服，便再修仁义礼乐的政教来吸引他们来。他们来了，就使他们安定生活。如今仲由和冉求两人辅相季孙，远方之人不归服，却不去吸引他们来；国家支离破碎，却不能保全；反而想在国内动武。我恐怕季孙的忧愁不在颛臾，却在鲁君哩。"

柳下惠为士师，三黜。人曰："子未可以去乎?"曰："直道而事人，焉往而不三黜? 枉道而事人，何必去父母之邦?"

【译文】柳下惠做法官，多次地被撤职。有人对他说："您不可以离开鲁国吗?"他道："正直地工作，到哪里去不多次被撤职? 违背道义地工作，为什么一定要离开生我养我的地方呢?"

齐人归女乐，季桓子受之，三日不朝，孔子行。

【译文】齐国送了许多歌姬舞女给鲁国，季桓子接受了，三天不理朝政，孔子就离职走了。

长沮、桀溺耦而耕，孔子过之，使子路问津焉。

长沮曰："夫执舆者为谁?"

子路曰："为孔丘。"

曰："是鲁孔丘与?"

曰："是也。"

曰："是知津矣。"

问于桀溺。

桀溺曰："子为谁?"

曰："为仲由。"

曰："是鲁孔丘之徒与?"

对曰："然。"

曰："滔滔者天下皆是也，而谁以易之? 且而与其从辟人之士也，岂若从辟世之士哉?"耰而不辍。

子路行以告。

夫子怃然曰："鸟兽不可与同群，吾非斯人之徒与而谁与? 天下有道，丘不与易也。"

【译文】长沮、桀溺两人一同耕田，孔子从那儿经过，叫子路去问渡口。

长沮问子路道："那位驾车子的是谁?"

子路答："是孔丘。"

他又问："是鲁国的孔丘吗？"

子路答："是的。"

他便道："他么，早晓得渡口在哪儿了。"

去问桀溺。

桀溺问："您是谁？"

子路答："我是仲由。"

桀溺问："您是鲁国孔丘的门徒吗？"

答道："是的。"

他便说："像洪水一样的坏东西到处都是，你们同谁去改革它呢？你与其跟着（孔丘那种）逃避坏人的人，为什么不跟着（我们这些）逃避整个社会的人呢？"说完，仍旧不停地干活。

子路回来报告给孔子。

孔子很失望地道："我们既然不可以同飞禽走兽合群共处，若不同这些人打交道，又同什么人打交道呢？天下如果太平，我就不会同你们一道来从事改革了。"

子路从而后，遇丈人，以杖荷蓧。

子路问曰："子见夫子乎？"

丈人曰："四体不勤，五谷不分。孰为夫子？"植其杖而芸。

子路拱而立。

止子路宿，杀鸡为黍而食之，见其二子焉。

明日，子路行以告。

子曰："隐者也。"使子路反见之。至，则行矣。

子路曰："不仕无义。长幼之节，不可废也；君臣之义，如之何其废之？欲洁其身，而乱大伦。君子之仕也，行其义也。道之不行，已知之矣。"

【译文】子路跟随着孔子，却远落在后面，碰到一个老头，用拐杖挑着除草的工具。

子路问道："您看见我的老师吗？"

老头道："四体不勤，五谷不分，谁是老师？"说完，便扶着拐杖去锄草。

子路拱着手恭敬地站着。

他便留子路到他家住宿，杀鸡、做饭给子路吃，又叫他两个儿了出来相见。

第二天，子路赶上了孔子，报告了这件事。

孔子道："这是位隐士。"叫子路回去再去看他。子路到了那里，他却不在了。

子路便道："不做官是不对的。长幼间的关系，是不可能废弃的；君臣间的关系，怎么能不管呢？你原想不玷污自身，却不知道这样违背重要的人际关系。君子出来做官，只是为了推行道义。我们的政治主张行不通，已经知道了。"

周公谓鲁公曰："君子不施其亲，不使大臣怨乎不以。故旧无大故，则不弃也。无求备于一人！"（注）

【译文】周公对鲁公说道："君子不怠慢他的亲族，不让大臣抱怨没被信用。老臣故人没有发生严重过失，就不要抛弃他。不要对某一人求全责备！"

【注】周公、鲁公——周公，周公旦，孔子心目中的圣人。鲁公是他的儿子伯禽。

子张问于孔子曰："何如斯可以从政矣？"

子曰："尊五美，屏四恶，斯可以从政矣。"

子张曰："何谓五美？"

子曰："君子惠而不费，劳而不怨，欲而不贪，泰而不骄，威而不猛。"

子张曰："何谓惠而不费？"

子曰："因民之所利而利之，斯不亦惠而不费乎？择可劳而劳之，又谁怨？欲仁而得仁，又焉贪？君子无众寡，无小大，无敢慢，斯不亦泰而不骄乎？君子正其衣冠，尊其瞻视，俨然人望而畏之，斯不亦威而不猛乎？"

子张曰："何谓四恶？"

子曰："不教而杀谓之虐；不戒视成谓之暴；慢令致期谓之贼；犹之与人也，出纳之吝谓之有司。"

【译文】子张向孔子问道："怎样就可以治理政事呢？"

孔子说："尊重五种美德，排除四种恶政，这就可以治理政事了。"

子张道："什么是五种美德？"

孔子答："君子给人民以好处，而自己却无所耗费；劳动百姓，百姓却不怨恨；自己欲仁欲义，却不被叫做贪；安泰矜持却不骄傲；威严却不凶猛。"

子张问："给人民以好处，自己却无所耗费，这应该怎么办呢？"

孔子答："在人民能得利益时使他们得利，这不是给人民以好处而自己却无所耗费吗？选择可以劳动时再让他们劳动，又有谁来怨恨呢？自己需要仁德便得到了仁德，又贪求什么呢？无论人多人少，无论势力大小，君子都不怠慢他们，这不也是安泰矜持却不骄傲吗？君子衣冠整齐，目不斜视，庄严地使人望而生畏，这也不是威严却不凶猛吗？"

子张问："四种恶政又是些什么呢？"

孔子道："不加教育便加杀戮叫做虐；不加申诫便要出成绩叫做暴；起先懈怠，突然限期叫做贼；同是给人以财物，出手悭吝，叫做小气。"

子曰："不在其位，不谋其政。"

【译文】孔子说："不在那个职位，便不考虑它的政务。"

七·教 育

子曰："自行束脩以上，吾未尝无诲焉。"

【译文】孔子说："只要缴我十条干肉，我没有不教诲的。"

子以四教：文，行，忠，信。

【译文】孔子用四种内容教育学生：历代文献，社会生活的实践，对待别人的忠心，与人交际的诚信。

子不语怪、力、乱、神。

【译文】孔子不谈怪异、勇力、叛乱和鬼神。

宰予昼寝。子曰："朽木不可雕也；粪土之墙不可杇也；于予与何诛?"子曰："始吾于人也，听其言而信其行；今吾于人也，听其言而观其行。于予与改是。"

【译文】宰予在白天睡觉。孔子说："腐烂了的木头雕刻不得，粪土似的墙壁粉刷不得；对于宰予么，批评他什么呢？"又说："最初，我对人是听到他的话，便相信他的行为；今天，我对人是听到他的话，却要考察他的行为。从宰予开始，我改变了态度。"

子曰："默而识之，学而不厌，诲人不倦，何有于我哉？"

【译文】孔子说："（把所见所闻的）默默地记在心里，努力学习而不厌弃，教导别人而不疲倦，这些事情对我有什么困难呢？"

子曰："志于道，据于德，依于仁，游于艺。"

【译文】孔子说："志向在'道'，根据在'德'，依靠在'仁'，而游憩于'艺'（六艺，即礼、乐、射、御、书、数）中。"

子曰："不愤不启，不悱不发。举一隅不以三隅反，则不复也。"

【译文】孔子说："教导学生，不到他想弄明白而弄不明白的时候，不去开导他；不到他想说出来却说不出来的时候，不去启发他。教给他东方，他却不能由此推知西、南、北三方，便不再教他了。"

德行：颜渊、闵子骞、冉伯牛、仲弓。言语：宰我、子贡。政事：冉有、季路。文学：子游、子夏。

【译文】（孔子的学生各有所长。）德行好的：颜渊、闵子骞、冉伯牛、仲弓。会说话的：宰我、子贡。能办理政事的：冉有、季路。熟悉古代文献的：子游、子夏。

季康子问："弟子孰为好学？"孔子对曰："有颜回者好学，不幸短命死矣，今也则亡。"

【译文】季康子问："你的学生中谁好学？"孔子答道："有一个叫颜回的好学，不幸短命死了，现在就没有了。"

颜渊死。子曰："噫！天丧予！天丧予！"

【译文】颜渊死了，孔子悲叹道："咳！天老爷要我的命呀！天老爷要我的命呀！"

颜渊死，子哭之恸。从者曰："子恸矣！"曰："有恸乎？

非夫人之为恸而谁为?"

【译文】颜渊死了,孔子哭得很伤心。跟着孔子的人说:"您太伤心了!"孔子说:"真的太伤心了吗?我不为这样的人伤心,还为什么人伤心呢!"

子谓子贡曰:"女与回也孰愈?"对曰:"赐也何敢望回?回也闻一以知十,赐也闻一以知二。"子曰:"弗如也;吾与女弗如也。"

【译文】孔子对子贡道:"你和颜回,哪一个强些?"子贡答道:"我么,怎敢和颜回相比?他听到一件事,可以推知十件事;我听到一件事,只能推知两件事。"孔子道:"赶不上他;我同意你的话,是赶不上他。"

子贡问:"师与商也孰贤?"子曰:"师也过,商也不及。"曰:"然则师愈与?"子曰:"过犹不及。"

【译文】子贡问孔子:"颛孙师(子张)和卜商(子夏)两个人,谁强一些?"孔子道:"师呢,有些过分;商呢,有些不够。"
子贡道:"那么,师强一些吗?"孔子道:"过分和不够同样不好。"

季氏富于周公，而求也为之聚敛而附益之。子曰："非吾徒也。小子鸣鼓而攻之，可也。"

【译文】季氏比周公还富，冉求却还替他搜括，增加更多的财富。孔子宣布："冉求不再是我们的人了，你们学生大张旗鼓地来批判他，是可以的。"

子张问善人之道。子曰："不践迹，亦不入于室。"

【译文】子张问怎样才是善人。孔子道："善人不踩着别人的脚印走，学问道德也难以到家。"

子路问："闻斯行诸?"子曰："有父兄在，如之何其闻斯行之?"

冉有问："闻斯行诸?"子曰："闻斯行之。"

公西华曰："由也问闻斯行诸，子曰，'有父兄在'；求也问闻斯行诸，子曰，'闻斯行之'。赤也惑，敢问。"子曰："求也退，故进之；由也兼人，故退之。"

【译文】子路问："听到就干起来吗?"孔子道："有爸爸哥哥活着，怎么能听到就干起来?"

冉有问："听到就干起来吗?"孔子道："听到就干起来。"

公西华问："仲由问听到就干起来吗，您说'有爸爸哥哥活着（不能这样做）'；冉求问听到就干起来吗，您说'听到就干起来。'我有些胡涂，大胆地来问问。"

孔子道："冉求平日做事退缩，所以我鼓励他；仲由的胆量却有两个人的大，勇于作为，所以我要限制他。"

季子然问："仲由、冉求可谓大臣与?"子曰："吾以子为异之问，曾由与求之问。所谓大臣者，以道事君，不可则止。今由与求也，可谓具臣矣。"

曰："然则从之者与?"子曰："弑父与君，亦不从也。"

【译文】季子然问："仲由和冉求可以说是大臣吗"孔子道："我以为你是问别的人，竟问由和求呀。我们所说的大臣，他用仁义侍奉君主，如果这样行不通，宁肯辞职不干。如今由和求这两个人，可以说是具有相当才能的臣属了。"

季子然又道："那么，他们会一切顺从上级吗?"孔子道："杀父亲、弑君主的事情，他们也不会顺从的。"

子路、曾皙、冉有、公西华侍坐。

子曰："以吾一日长乎尔，毋吾以也。居则曰：'不吾知也!'如或知尔，则何以哉?"

子路率尔而对曰："千乘之国，摄乎大国之间，加之以师旅，因之以饥馑；由也为之，比及三年，可使有勇，且知方也。"

夫子哂之。

"求！尔何如？"

对曰："方六七十，如五六十，求也为之，比及三年，可使足民。如其礼乐，以俟君子。"

"赤！尔何如？"

对曰："非曰能之，愿学焉。宗庙之事，如会同，端章甫，愿为小相焉。"

"点！尔何如？"

鼓瑟希，铿尔，舍瑟而作，对曰："异乎三子者之撰。"

子曰："何伤乎？亦各言其志也。"

曰："莫春者，春服既成，冠者五六人，童子六七人，浴乎沂，风乎舞雩，咏而归。"

夫子喟然叹曰："吾与点也！"

三子者出，曾皙后。曾皙曰："夫三子者之言何如？"

子曰："亦各言其志也已矣。"

曰："夫子何哂由也？"

曰："为国以礼，其言不让，是故哂之。"

"唯求则非邦也与？"

"安见方六七十如五六十而非邦也者？"

"唯赤则非邦也与？"

"宗庙会同，非诸侯而何？赤也为之小，孰能为之大？"

【译文】子路、曾皙、冉有、公西华四个人陪孔子坐着。孔子说道："因为我比你们年纪都大，没有人用我了。你们平日说：'人家不了解我呀！'假若有人了解你们，那你们怎么办呢？"

子路不加思索地答道："有一千辆兵车的国家，夹在几个大国的中间，外面有军队侵犯它，国内又闹灾荒。我去治理，等到三年，可以使人人有勇气，而且懂得规矩。"

孔子微微一笑。

又问："冉求，你怎么样？"

答道："国土纵横各六七十里或者五六十里的国家，我去治理，等到三年，可以使人人富足。至于修明礼乐，那只有等待贤人君子了。"

又问："公西赤！你怎么样？"

答道："不是说我已经很有本领了，而是说我愿意这样学习：祭祀的工作或者同外国的盟会，我愿意穿着礼服，戴着礼帽，做一个小司仪。"

又问："曾点！你怎么样？"

他弹瑟正近尾声，铿的一声把瑟放下，站了起来回答："和他们三位说的不同。"

孔子道："那有什么妨碍呢？正是要各人说出自己的志向呵！"

135

曾皙便道："暮春三月，春天衣服（夹衣）都穿定了，我带着五六位成年人，六七个小孩，在沂水河边洗洗澡，在舞雩台上吹吹风，唱着歌回家。"

孔子长叹一声道："我赞同曾点的想法！"

子路、冉有、公西华三人都出去了，曾皙后走。曾皙问道："那三位同学的话怎样？"

孔子道："也不过各人说说自己的志向罢了。"

曾皙又问："您为什么对仲由微笑呢？"

孔子道："治理国家应该讲求礼让，可是他的话却一点不谦虚，所以笑他。"

"难道冉求所讲的就不是治理国家吗？"

孔子道："怎样见得横纵各六七十里或者五六十里就不是一个国家呢？"

"公西赤所讲的不是国家吗？"

孔子道："有宗庙，有国际间的盟会，不是国家是什么？如果他只做一小司仪，又有谁来做大司仪呢？"

陈亢问于伯鱼曰："子亦有异闻乎？"

对曰："未也。尝独立，鲤趋而过庭。曰：'学诗乎？'对曰：'未也。''不学诗，无以言。'鲤退而学诗。他日，又独立，鲤趋而过庭。曰：'学礼乎？'对曰：'未也。''不学礼，无以立。'鲤退而学礼。闻斯二者。"

陈亢退而喜曰："问一得三，闻诗，闻礼，又闻君子之远其子也。"

【译文】陈亢向孔子的儿子伯鱼问道："您在老师那儿，曾听到过与众不同的教导吗？"

答道："没有。他曾经一个人站在厅中，我恭敬地走过。他问我：'学诗没有？'我道：'没有。'他便道：'不学诗就不会说话。'我退回便学诗。过了几天，他又一个人站在厅中，我又恭敬地走过。他问道：'学礼没有？'我答：'没有。'他道：'不学礼，便没有立足社会的条件。'我退回便学礼。只听到这两件。"

陈亢回去非常高兴地说："我问一件事，知道了三件事。知道了要学诗，知道了要学礼，又知道了君子对他儿子的态度。"

子之武城，闻弦歌之声。大子莞尔而笑，曰："割鸡焉用牛刀？"

子游对曰："昔者偃也闻诸夫子曰：'君子学道则爱人，小人学道则易使也。'"

子曰："二三子！偃之言是也。前言戏之耳。"

【译文】孔子到了（子游作县长）的武城，听到了弹琴瑟唱诗歌的声音。孔子微微笑着，说道："宰鸡，何必用宰牛的刀？"

子游答道："以前我听老师说过，做官的学习了，就会有仁爱之心；老百姓学习了，就容易听指挥，听使唤。"

孔子便说："学生们！言偃的这话是正确的。我刚才那句话不过同他开玩笑罢了。"

孺悲欲见孔子，孔子辞以疾。将命者出户，取瑟而歌，使之闻之。

【译文】孺悲来，要会见孔子，孔子托言有病，拒绝接待。传话的人刚出门，孔子便把瑟拿下来弹，并且唱着歌，故意使孺悲听到。

宰我问："三年之丧，期已久矣。君子三年不为礼，礼必坏；三年不为乐，乐必崩。旧谷既没，新谷既升，钻燧改火，期可已矣。"

子曰："食夫稻，衣夫锦，于女安乎？"

曰："安。"

"女安，则为之！夫君子之居丧，食旨不甘，闻乐不乐，居处不安，故不为也。今女安，则为之！"

宰我出，子曰："予之不仁也！子生三年，然后免于父母之怀。夫三年之丧，天下之通丧也，予也三年之爱于其父母乎！"

【译文】宰我说道："父母死了，守孝三年，为期也太久了。君子三年不习礼仪，礼仪一定会弄乱；三年不奏音乐，音乐一定会忘记。陈谷既已吃完了，新谷又已登场；打火用的燧木又经过了一个轮回，一年也就可以了。"

孔子道："（父母死了，不到三年）你便吃那个白米饭，穿那个花缎衣，你心里安不安呢？"

宰我道："安。"

孔子便抢着道："你安，你就去干吧，君子的守孝，吃美味不觉得甜，听音乐不觉得快乐，住在家里不以为舒适，才不这样干。如今你既然觉得心安，便去干好了。"

宰我走了，孔子说："宰予真不仁呀，儿女生下来，三年以后才能完全脱离父母的怀抱。替父母守孝三年，天下都是如此的。宰予难道就没有从他父母那里得着三年怀抱的爱护吗？"

子曰："诗三百，一言以蔽之，曰：'思无邪'。"

【译文】孔子说："《诗经》三百篇，用一句话来概括它，就是'思想纯正'。"

子曰："《关雎》，乐而不淫，哀而不伤。"

【译文】孔子说："《关雎》这首诗，快乐而不放荡，悲哀而不伤感。"

食不厌精，脍不厌细。

食饐而餲，鱼馁而肉败，不食。色恶，不食。臭恶，不食。失饪，不食。不时，不食。割不正，不食。不得其酱，不食。

肉虽多，不使胜食气。

唯酒无量，不及乱。

沽酒市脯不食。

不撤姜食，不多食。

【译文】粮食不嫌舂得精，鱼和肉不嫌切得细。

粮食霉烂发臭，鱼和肉腐烂，都不吃。食物颜色难看，不吃。气味难闻，不吃。烹调不当，不吃。不到该当吃食时候，不吃。不是按一定方法砍割的肉，不吃。没有一定调味的酱醋，不吃。

席上肉虽然多，吃它不超过主食。

只有酒不限量，却不至醉。

买来的酒和肉干不吃。

姜不撤除，不多吃。

食不语，寝不言。

【译文】吃饭的时候不交谈，睡觉的时候不说话。

八．怀　师

颜渊喟然叹曰："仰之弥高，钻之弥坚。瞻之在前，忽焉在后。夫子循循然善诱人，博我以文，约我以礼，欲罢不能。既竭吾才，如有所立卓尔。虽欲从之，末由也已。"

【译文】颜渊感叹说："老师之道，越抬头看，越觉得高；越用力钻研，越觉得深。看着似乎在前面，忽然又到后面去了。老师善于有步骤地诱导我们，用各种文献来丰富我的知识，又用一定的礼节来约束我的行为，使我想停止学习都不可能。我已经用尽我的才力，似乎能够独立地工作了。要想再向前进，又不知怎样着手了。"

子贡曰："夫子之文章，可得而闻也；夫子之言性与天道，不可得而闻也。"

【译文】子贡说："老师关于文献方面的学问，我们听得到；老师关于天性和天道的言论，我们听不到。"

叔孙武叔语大夫于朝曰："子贡贤于仲尼。"

子服景伯以告子贡。

子贡曰："譬之宫墙，赐之墙也及肩，窥见室家之好。夫子之墙数仞，不得其门而入，不见宗庙之美，百官之富。得其门者或寡矣。夫子之云，不亦宜乎！"

【译文】叔孙武叔在朝廷中对官员们说："子贡比他的老师仲尼要强些。"

子服景伯便把这话告诉了子贡。

子贡说："拿房屋的围墙作比喻罢：我家的围墙只有肩膀那么高，谁都可以看到房屋的美好。我老师的围墙却有几丈高，找不到大门进去，就看不到他那宗庙的雄伟，房舍的富丽。能够找着大门的人或许不多罢，那么，武叔他老人家的这话，不也是自然的吗？"

叔孙武叔毁仲尼。子贡曰："无以为也！仲尼不可毁也。他人之贤者，丘陵也，犹可踰也；仲尼，日月也，无得而踰焉。人虽欲自绝，其何伤于日月乎？多见其不知量也。"

【译文】叔孙武叔毁谤仲尼。子贡道："这样做没有道理，仲尼是不能毁谤的。别人的贤能，好比山丘，还可以超越过去；仲尼，简直是太阳和月亮，不可能超越它。有人虽然要自绝于太阳月亮，那对太阳月亮有什么损害呢？只是表示他不自量罢了。"

陈子禽谓子贡曰："子为恭也，仲尼岂贤于子乎？"

子贡曰："君子一言以为知，一言以为不知，言不可不慎也。夫子之不可及也，犹天之不可阶而升也。夫子之得邦家者，所谓立之斯立，道之斯行，绥之斯来，动之斯和。其生也荣，其死也哀，如之何其可及也？"

【译文】陈子禽对子贡说："您对仲尼是恭敬罢，难道他真比您还强吗？"

子贡道："高贵人物由一句话表现他的有知，也由一句话表现他的无知，所以说话不可不谨慎。他老人家不可以赶上，犹如苍天不可以用阶梯爬上去。他老人家如果得国而为诸侯，或者得到采邑而为卿大大，那正如我们所说的——叫百姓人人能立足于社会，百姓自会人人能立足于社会；一引导百姓，百姓自会前进；一安抚百姓，百姓自会从远方来投靠；一动员百姓，百姓自会同心协力。他老人家，生得光荣，死得悲哀，怎么能赶得上呢？"